**책읽는사자의
올바른 기독교 정치관**

책읽는사자의 올바른 기독교 정치관

초판 1쇄 발행 2025년 7월 30일
초판 8쇄 발행 2025년 10월 17일

지은이	책읽는사자
디자인	에이치엔
기획	김효선
펴낸곳	사자그라운드
펴낸이	윤성현
등록번호	제2023-0000116호
주소	서울특별시 강남구 봉은사로 1길 6, 5층 5412호
이메일	sazaground@naver.com
책값	뒤표지에 있습니다.
ISBN	979-11-992448-0-1 (03230)

Copyright ⓒ 책읽는사자.2025

이 책은 저작권법에 따라 보호를 받는 저작물이므로 무단 전제와 복제를 금합니다. 이 책의 판권은 저자에게 있으며,
이 책의 내용의 전부 또는 일부를 이용하려면 반드시 저작권자와 사자그라운드의 서면동의를 받아야 합니다.

*파본은 구입처나 본사에서 교환해드립니다.

책읽는사자의

올바른
기독교
정치관

혼돈의 시대, 하나님의 옳은편에서
주 예수를 따르라

책읽는사자 지음

사자그라운드

목차

프롤로그		·07
1장	예수님 믿는 사람에게 '정치'란?	·21
2장	정치와 선거가 내 신앙생활과 무슨 상관이 있어요?	·37
3장	성경적으로 옳은 정치인 분별법이 따로 있나요?	·51
4장	도대체 좌파가 뭐고 우파가 뭐야?	·65
5장	대한민국이 하나님이 건국한 성경적 나라인 '객관적' 이유	·87
6장	원수는 사랑하되 적과는 싸워야 한다	·105
7장	그러면 한국은 어떻게 될 것인가?	·131
에필로그		·147
미주		·155

일러두기

성경 본문은 현대인의 성경, 새번역, 개역개정을 사용했습니다.

프롤로그

 나는 왜 대한민국 국민으로 태어났을까? 다른 나라에서 태어나 다른 나라 시민권자가 됐을 수도 있었을 텐데 말이다. 파주 오두산통일전망대에서는 임진강을 사이로 북측 황해도 개풍군까지의 직선거리가 약 460m에 불과하다고 한다. 내가 만약 임진강 북쪽, 저 460m 위에서 태어났다면 지금 어떤 삶을 살고 있을까? 아마 '예수' 또는 '자유'라는 단어 한 번 못 들은 채 평생을 노예처럼 살다 죽어서도 지옥불에 불타는 인생이 되진 않았을까? 아니면 정반대로 모두가 선망하는 미국이라는 나라, 미국시민권자로 태어나 해마다 NFL미식축구, MLB, NBA 경기에 환호하며 유명 스포츠 스타 가십거리를 다루는 유튜버로 살아가고 있지 않을까? 평생 한국이라는 나라가 어디 붙어있는지도 모른 채 말이다.

그런데 왜 하나님께서는 나를 이 '대한민국'이라는 나라에, '한국인'으로 태어나게 하셨을까? 바로 하나님의 목적 때문이다. 창조주 하나님께서는 예수님이 다시 오시기 전까지 그 높으신 섭리 아래 이 우주의 역사를 주관하신다. 하물며 참새 두 마리 거래까지도 주관하시는 하나님의 완벽한 섭리 안에서(마 10:29) 내가 한국인으로 태어나 한국 크리스천으로서 '마라나타 미션'을 감당하는 일꾼이 되게 하셨다는 것이다. 당신 역시 마찬가지다. 당신의 삶에는 하나님의 목적이 담겨 있다. 당신이 한국인으로 태어난 건 창조주의 분명한 목적과 이유 때문이다. 이 말인즉슨 예수님을 믿고 따르는 삶은 대학교 진학, 취업 및 이직, 결혼 및 가정을 꾸리는 일, 승진 또는 사업 번창 등과 같은 개인 차원의 일만 골몰하는 것이 아니라 이 나라와 민족을 위한 공동체 차원의 부르심과 순종도 포함된 삶이라는 이야기다. 쉽게 말해 사도 바울이 비성경적인 국수주의자여서 자기 나라와 민족을 위한 간절한 기도를 드린 게 아니라는 말이다.

> 나에게는 큰 슬픔이 있고, 내 마음에는 끊임없는 고통이 있습니다. 나는, 육신으로 내 동족인 내 겨레를 위하는 일이면, 내가 저주를 받아서 그리스도에게서 끊어질지라도 달게 받겠습니다.
>
> – 로마서 9:2-3, 새번역

> 형제자매 여러분, 내 마음의 간절한 소원과 내 동족을 위하여 하나님께 드리는 내 기도의 내용은, 그들이 구원을 얻는 일입니다.
>
> – 로마서 10:1, 새번역

2025년은 대한민국 건국 77주년이 되는 해이다. 이 나라가 어떻게 이런 살기 좋은 나라가 될 수 있었을까? 물론 1차적인 이유는 하나님의 전적 은혜다. 그러면 그 은혜가 어떻게 현실화됐을까? 그 매개가 바로 한미상호방위조약이다. 1950년 북한의 남침으로 시작된 6·25전쟁 이후 1953년 10월 1일 대한민국 외무부장관 변영태가 워싱턴D.C로 날아가 미국 국무장관 존 포스터 덜레스와 함께 한미상호방위조약에 공식 서명했다. 그 순간부터 지금까지 우리는 우리 조상들은 상상도 하지 못할 엄청난 번영과 자유, 평화를 누리고 있다. 그런데 애석하게도 이 축복의 유효기간이 끝나가고 있다. 국제정치 전문가들은 미국과 중국의 패권전쟁과 미국 우선주의로 인해 항행의 자유가 기반된 전 세계 자유무역과 국제기구 주도의 최소한의 안보를 보장했던 '팍스 아메리카나(Pax Americana)' 시대가 저물었다고 이야기한다. 지금까지 당연했던 거의 모든 게 바뀐다는 소리다.

2025년 7월 9일, "피트 헤그세스 미국 국방장관의 수석 고문을 지낸 댄 콜드웰, 워싱턴 DC의 싱크탱크 '국방 우선순위(Defense Priorities)'의 제니퍼 캐버노 선임연구원은 9일 공동으로 발간한 보고서에서 현재 약 2만 8500명 수준인 주한 미군 중 지상 전투 병력 대부분을 철수하고 약 1만 명 정도만 남겨야 한다고 주장했다."[1] 한국의 안보는 한국 스스로 해결하라는 뜻으로 읽힐 수 있는 부분이다. 또한 2024년 10월 7일, 미국 싱크탱크 스팀슨센터의 선임 연구원 로버트 매닝이 외교 전문 매체《포린 폴리시》에 기고한 내용에 따르면 북한이 6~18개월 사이에 극적인 행동에 나설 가능성이 있다라고 분석했다.[2] "2024년 1월 북한 전문가 로버트 칼린 미들베리국제연구소 연구원과 시그프리드 해커 박사도 북한 분석을 전문으로 하는 매체《38 노스》에 기고문 하나를 냈는데 "한반도 상황이 1950년 6월 초반 이후 그 어느 때보다 위험하다"고 지적했다."[3]

이런 상황에서 미국 전략국제문제연구소(CSIS) 한반도 전문가 빅터 차는 "이재명 대통령이 도널드 트럼프 미국 대통령과 시진핑 국가 주석 중 누구와 먼저 회담을 할지가 앞으로의 외교 키포인트가 될 것이라 전망"했다.[4] 미국 의회와 국방부는 2030년을 전후로 중국과의 군사 충돌을 대비한 시나리오 연구와 영향 평가를 진행 중이다.[5] 러시아-우크라이나 전쟁부터 미국의 이란 핵시설 타격까지 국제정세는 그 어느 때보다 요동치고 있다. 우리가 당연하다 생각해온 세계질서가 근본부터 뒤바뀌고 있다. 그러나 대부분의 한국 사람들은 아예 관심이 없거나 아니면 '한반도 천동설'에 의거한 근거 없는 낙관론에 취해 애써 현실을 부정하고 있는 것만 같다. 일종의 안보불감증이다.

그러나 더 최악인 것은 국내 정세다. 어떤 안경을 끼고 오늘 대한민국 시세를 읽느냐에 따라 현재 한국 시스템이 내부에서부터 붕괴되고 있다고 보는 이가 있고 반대로 이제야 '민주주의'가 완성됐다고 보는 이도 있다. 이 두 진영 간 갈등은 하이에크의 표현대로 "화해할 수 없는 갈등"이다.[6] 한쪽은 이승만을 대한민국이라는 나라를 건국한 국부로 칭송하고 다른 한쪽은 이승만을 '학살자'라 낙인하며 역사에서 그의 이름을 도려내려 한다. 이는 대한민국 건국을 어떻게 보느냐 하는 역사전쟁이 곧 이념전쟁이고 이념전쟁이 곧 나라의 존립 또는 반체제 혁명의 동인이 되기 때문이다. 참고로 2025년 이재명 정권이 들어선 이후 한국을 떠나는 백만장자 순유출 규모는 약 2,400명으로 전 세계 4위에 해당한다.[7] 이는 3년 만에 6배 급증한 수치로 인구 대비로 보면 영국 다음으로 세계 2위 수준이다. 해외로 빠져나간 자산은 약 20조 원으로 추산된다.[8] 이 나라에 도대체 무슨 일이 일어나고 있는 걸까? 또 앞으로 어떤 일이 일어나게 되는 걸까?

이 상황에서 이재명 정부는 여성가족부를 '성평등가족부'로 확대 개편하려 한다.[9] 성평등이라는 용어는 남녀뿐 아니라 다양한 성

정체성과 성적 지향을 포괄하는 개념으로 현재 대한민국 헌법에 적시된 '양성평등'과 대척점에 있는 반성경적 젠더성혁명을 집약하는 용어이다. 참고로 뉴욕주는 공식적으로 남자 여자뿐만 아니라 인간의 성별이 31가지 있다라고 주장하고 있다.[10] 이 책을 끝까지 읽으면 대한민국 정부가 바로 이 젠더성혁명에 본격적으로 시동을 거는 것이라 어렵지 않게 알아차릴 수 있을 것이다.

진짜 문제는 예수님을 믿고 따르는 한국 기독교인들이 이 '정치' 문제 앞에서 양 갈래로 나뉜다는 것이다. 이 책이 논하고자 하는 내용은 이 양극화의 본질이 신본주의 대 인본주의의 대척이라는 것이다. 표면적인 정치인과 정당, 정쟁 그 이면에 있는 가치관의 충돌. 그리고 그 가치관 충돌 이면에 있는 영적 충돌을 추적하고 이해해서 적어도 이 책을 읽는 독자들은 우파 좌파 등의 용어에 대해 성경적인 공통분모를 갖고 '성경적 진영'에 거해 세속화 쓰나미에 결연히 저항해야 하는 삶을 살아야 한다. 이 역사에는 분명한 하나님의 옳은편이 있다. 우리가 매일 마주하는 정치 뉴스의 큰 물줄기에 분명한 '주님의 편'이 있다는 것이다.

특정 정당을 지지하는 것만이 하나님의 뜻이라거나 반대로 특정 정당을 지지하면 기독교인이 아니라는 식의 극단적인 주장은 옳지 않다. 현실 불가능할 뿐만 아니라 건강하지도 않다. 기독교인은 영적 세계의 원리를 아는 사람인 만큼 현실을 그렇게 단순화시키는 것은 여러모로 도움이 되지 않는다. 한 예로 이재명 정권 김민석 총리는 의원 시절, 2023년 진행된 사학법인미션네트워크 컨퍼런스에서 동성애 문화에 대해 비판할 수 있는 종교적 자유는 보장되어야 한다며 차별금지법안을 공개적으로 반대했다.[11] 웬만한 오른쪽 정당 정치인보다 사안의 쟁점에 대해 날카로운 시선을 갖고 있다. 좌파로 분류되는 총리가 이런 신념을 갖는 것을 어떻게 해석해야 할까? 어떻게 보면 우리나라 정치 진영의 사상적 일관성이 떨어진다고 볼 수도 있으나 다른 면에서는 (김민석 총리가 차별금지법에 대한 본인의 입장을 바꾸지 않는다는 전제하에) 공인 개개인의 사상적 비일관성을 통해 한국에 젠더성혁명을 막을 수 있는 '뜻밖의 개별적 방파제'라 볼 수도 있겠다(그러나 반대로 우파 정치인이 차별금지법을 찬성할 수도 있다. 이런 경우는 '뜻밖의 개별적 지뢰'라고 해야 할까?).

또한 한국의 경우 지역에 따라 정치색이 뚜렷하게 갈리는 곳이 있다. 만약 특정 정당을 지지하는 것은 기독교인이 아니라는 식의 섣부른 단정을 할 경우, 특정 지역에 있는 기독교인들의 구원 여부를 성급하게 판단하는 아주 위험한 논리에 빠지게 되는 것이다. 나조차 '경상도·중산층·기독교 모태우파'가 아니다. 대학교 때 좌파 교수의 영향으로 예전에는 소위 왼쪽에 있었다. 지금 돌아보면 많이 몰랐고 부족했으나 그럼에도 당시에 난 예수님을 진심으로 사랑했고 내가 감내해야 할 십자가 길을 순종으로 걸어갔다. 그때나 지금이나 하나님이 나와 함께 계심을 확신한다. 오히려 진리가 날 바른 곳으로 이끌었다(요 16:13). 이처럼 '현실'과 '인간', '현실 정치'는 우리 생각보다 훨씬 더 복잡다단하다. 물론 이 책 6장에서 더 자세히 설명하겠으나 우리는 큰 흐름을 봐야 하는 부분이 있지만 그럼에도 우리는 언제나 정파적 진영 논리보다 성경을 기준으로 균형 잡힌 시각을 갖추기 위해 노력해야 한다.

이 책 원고는 2025년 대선 기간에 썼다. 대한민국 헌법은 대통령 탄핵 이후, 60일 이내에 조기 대선을 실시하도록 정하고 있기 때문에 윤석열 대통령이 파면된 직후부터 대한민국은 '60일 대선 기간'에 돌입했다. 이 책은 바로 이 대선 기간 내에 서둘러 소책자로 만들어 출간할 목적으로 쓴 책이다. 말이 안 되는 일정이었으나 시국의 중대함을 생각하며 대선 기간 내에 책이 나올 수 있도록 최대한 출간 일정을 맞췄다. 그런데 아차! 국내 선거법을 생각하지 못했다. 선거법상 선거기간 중 출판 및 배포해서 많은 사람의 투표 성향에 영향을 미치려 하면 선거법 위반 소지가 있다. 그런데 내가 이 원고를 써 내려간 목적 자체가 많은 사람의 투표 성향에 영향을 미치기 위해서였다.

그래서 계획을 전면 수정했다. 이 책을 대선 뒤에 출간하기로. 개인적으로 난 이재명 후보가 당선되는 쪽으로 시세를 읽어갔기에 '이재명 정권'에 대한 마음의 준비는 하고 있었다. 그런데 막상 이재명 후보가 진짜 대한민국 대통령이 되어 국정 운영하는 모습을 화면으로 접하니 많은 생각이 들었다. 막연한 두려움이 없었다면 거짓말이다. 실제로 내 주변 분들 대부분이 출간을 미루라 조언을 했다. 일단 이 현실을 정리할 시간이 필요했다. 거의 모든 대외활동을 접었다. 육아에 매진하면서, 국내 여행지를 돌아다니면서, 새벽까지 독서를 하면서, 샤워를 하면서, 산책을 하면서 지금 한국이 이런 상황을 맞이한 것에 대한 하나님의 뜻을 여쭤보고 치열하게 숙고했다. 동시에 [나의 부르심]에 대해서도 끊임없이 묵상했다.

일종의 (타의적) 안식월과도 같은 시간이었다. 2019년 4월, 내 유튜브 채널이 보편 알고리즘에 뜨기 시작한 이후로 2025년 6월까지 한 시도 쉬지 않고 달려왔기 때문이다. 다행히 쉬는 동안 그동안 달려왔던 길을 돌아보고 또 앞으로 가야 할 길을 가늠할 수 있었다. 주님의 따뜻한 평강과 확신이 임하고 난 뒤 다시 이 책의 원고를 펼쳤다. 그리고 그대가 지금 읽고 있는 이 프롤로그를 쓰고 있는 것이다.

2025년 6월 4일 오전 6시 21분. 중앙선거관리위원회의 당선인 의결로 이재명 후보는 '대통령'이 되었고 동시에 국군 통수권을 포함한 대통령 고유 권한이 자동 이양되었다. 또한 민주당은 과반 의석을 넘긴 거대여당이 되어 이제 민주당의 의지만 있다면 단독으로 대한민국 법을 만들고, 고치고, 폐지할 수 있는 강력한 권력을 지니게 되었다. 쉽게 말해 헌법 개정 빼고 다 할 수 있다(그러나 만약 국민의힘 정당을 '내란 정당'으로 만들어 정당 해산을 해버리거나 국민의힘 의원 약 8명 정도만 회유한다면 말이 달라진다). 이게 도대체 무엇을 의미할까? 더 나아가 위 사실이 내 신앙생활과 부르심에 어떤 영향을 끼치게 되는 걸까? 그리고 그게 과연 성경적인 것일까?

내가 나름 여태껏 많은 책을 읽어왔지만 위 질문에 속 시원한 대답을 해줄 수 있는 책. 즉 성경적으로 올바른 정치관을 알려주는 '제대로 된 책'을 만나보지 못했다. 물론 미국에서 쓴 아주 좋은 책들도 있지만(칼 트루먼 목사님의 『신좌파의 성혁명과 성정치화』, 『이상한 신세계』. 웨인 그루뎀 목사님의 『성경과 정치』를 추천한다) 그 책에서 예시로 든 내용이나 주안점 등이 아무래도 국내 실정과는 동떨어진 내용들이 많다. 그래서 정작 한국 독자들은 그 책을 읽고 '그러니까 오늘한국정세, 오늘세계정세를 어떻게 연결시켜야 하는가'에 대해 명쾌한 해답을 얻지 못할 가능성이 크다. 그래서 차

라리 내가 그 책을 써 내려가자 했다. 언젠가는 써야 할 책이었으나 그게 지금인 줄은 나도 몰랐다. 이처럼 하나님의 신비는 언제나 섭리적이다.

세계관이 곧 정치관이다. 전자가 어떠느냐에 따라 후자가 (거의) 결정되기 때문이다. 세계관이 잘못되면 같은 성경을 읽어도 사이비 이단에 빠지듯, 세계관이 잘못되면 하나님을 사랑하는 동시에 반기독교운동에 적극 가담자가 될 수 있다. 예를 들어, 차별금지법은 반대한다라 말하지만 동시에 반기독교적 젠더성혁명 법안을 법제화하려는 정치인과 정치집단에 투표를 하는 식이다(예전 내가 그랬듯). 나의 세계관이 성경적이어야 할 이유다.

이 책은 기독교 세계관을 설명하는 책이 아니다. 올바른 기독교 세계관을 전제한 올바른 기독교 정치관을 설명하는 책이다.

긴말하지 않겠다. 우선 읽어보라. 이 책 논지가 성경적인지 아닌지 정직하게 자문하라. '그럼 우리는 어떻게 해야 할 것인가'와 같은 본격적인 대화는 이 책 내용을 동의하는 자들과(만) 가능하다. 우선 우리 안에서부터 정리와 정립이 필요하다. 더 나아가 나와 다른 정치관을 견지했다가 이 책을 통해 '성경적 전향'을 이룬 기독교인이 있다면 그것은 전적으로 하나님의 섭리적 인도하심이며 사실 그것이 이 책을 쓴 목적에 가장 부합한 성령님의 열매라 생각하는 바이다.

과연 이 나라의 미래는 어떻게 될까? 한국교회와 다음세대는 어떻게 될까? 이 책이 이 질문에 대한 '눈물로 뿌린 씨앗'이 되길 바란다. 주님 주신 차분함과 이해력으로 단숨에 읽으라. 다 읽고, 다시 만나자.

> 그리스도께서 우리를 자유롭게 하려고 자유를 주셨으니 그러므로 굳건하게 서서 다시는 종의 멍에를 메지 말라.
> — 갈라디아서 5:1, 개역개정

p.s. 원고 내용 중 어느 대통령이 당선될지 모르는 상황에서 썼던 글은 일부러 수정하지 않고 그대로 담았다. 더 깊은 안타까움과 생산적 여운이 있으리라 생각한다.

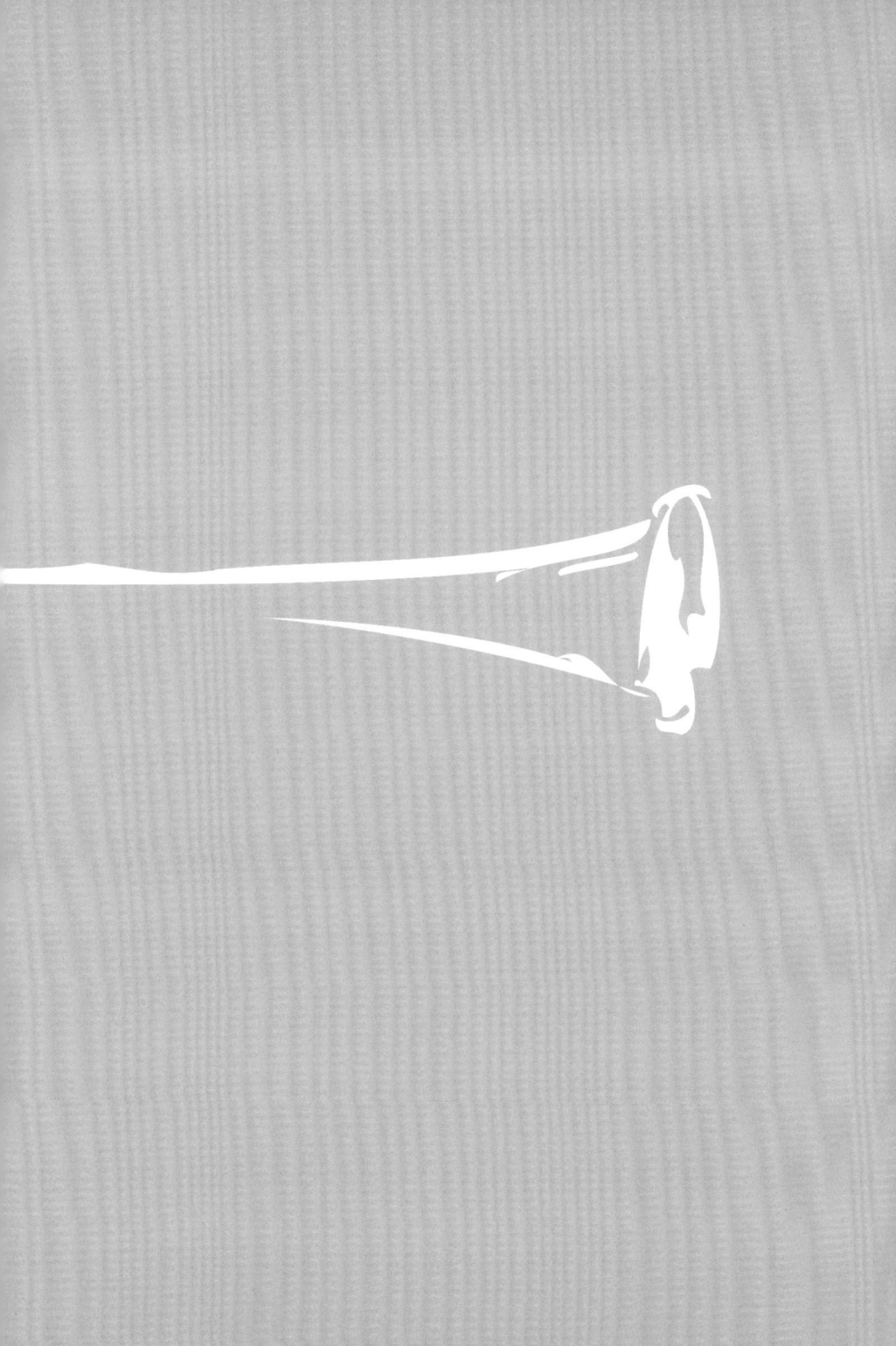

1장. 예수님 믿는 사람에게 '정치'란?

정치가 무엇일까요? 저는 아주 어릴 적부터 어머니에게 "정치가 뭐예요?"라고 자주 묻곤 했습니다. 뉴스에서 매번 빠지지 않고 나오는 단어, 어른들이 담소를 나누면 꼭 한두 번씩 튀어나오는 단어가 바로 '정치'라는 단어였기에 어린 저에게도 각인이 된 단어였습니다. 그러나 어머니를 비롯해 다른 주변 어른들도 어린 저에게 정치가 무엇인지에 대한 만족할 만한 대답과 설명을 해주시지는 못했습니다. 물론 애초에 유치원생, 초등생이었던 제가 설명 제대로 된 설명을 들었다 한들 온전히 이해할 수 있는 것도 아니지만 말입니다.

그러나 비록 어린 제가 정치라는 단어의 뜻을 정확히 알지 못했지만 이내 축적된 경험을 통해 한 가지 주목할 만한 사실을 발견할 수 있었습니다. 사람들이 이 단어를 쓸 때는 대개 부정적인 의미와 뉘앙스를 담고 있었다는 사실입니다. 예로 '정치인들은 다 거짓말쟁이야', '정치 뉴스만 보면 스트레스받아', '저 사람은 왜 저렇게 정치적이야?', '정치하고 있네' 등처럼 사람들은 정치라는 단어를 주로 부정적으로 사용했습니다. 적어도 제 기억으로는 '정치로 인해 우리 삶이 더욱 살기 좋아졌다', '정치가 우리에게 더 고귀한 자유와 권리를 선사해 줬다'라는 식의 이야기는 들어본 적이 없습니다. 아예 그런 개념조차 전무했지요.

정치는 그저 TV 화면 속 뉴스에서 '양복 입은 아저씨들의 난잡하고 심각해 보이는 그 어떤 일들'이었습니다. 정치와 내 실제 삶은 아주 별개의 영역이었으며 더 나아가 내 신앙생활에도 정치는 전혀 상관없는. 아니 절대로 섞여서는 안 되는 영역이었습니다. 사랑하는 하나님께 예배드리는데 불경스럽게(?) 정치라니요. 이런 생각과 개념은 성인이 될 때까지 이어져 이내 고착화됩니다. '신앙'과 '생활(정치와 문화 등)'이 분리된 채 신앙생활을 하는 겁니다. 하나님을 마음껏 예배하고 찬양하는 일에는 필연적으로 '기독교인의 성경적 정치 참여'가 필요한데도 '그건 정치 얘기잖아?', '우리 세속적인 정치 얘기 말고 주님만을 마음껏 찬양하자!'라며 핀잔을 주는 이유가 바로 여기에 있습니다. 이 지점이 우리가 이 책을 통해 성경적으로 교정(矯正)받아야 할 지점인 것이지요.

그럼 대체 정치가 무엇일까요? 표준대국어사전에 따르면 정치란 **"나라를 다스리는 일. 국가의 권력을 획득하고 유지하며 행사하는 활동으로, 국민들이 인간다운 삶을 영위하게 하고 상호 간의 이해를 조정하며, 사회 질서를 바로잡는 따위의 역할을 한다."**라고 나와 있습니다. 쉽게 말해 "나라를 다스리는 일"이 정치입니다. 통치에 대한 일, 그게 정치라는 것이지요. 그런데 여기에는 우리 기독교인들이 생각지 못한 매우 중요한 맹점이 있습니다. 표준대국어사전은 무신론을 토대로 '정치'를 설명하고 있다는 겁니다. 즉 표준대국어사전에서 말하는 '표준'은 창세기 1장 1절 말씀을 잘라버린 무신론·유물론 세계관 안에서의 표준입니다. 성경을 제외한 '그들만의 표준'이지요.

그럼 기독교인들은 정치라는 말을 어떻게 정의할 수 있을까요? 정치란 "나라를 다스리는 일"이라 했으니 우선 '나라'가 무엇인지 정리해야 합니다. 아니 좀 더 본질적으로 애초에 '나라'가 왜 생겼는지부터 알아야 합니다. 세계 3대 칼빈주의 신학자이자 네덜란드 수상까지 역임했던 아브라함 카이퍼(Abraham Kuyper, 1837~1920)는 자신의 기념비적 저서 『칼빈주의 강연』에서 이에 대해 자세하게 설명하고 있는데요. 문제는 일반 독자가 읽기에는 카이퍼 책이 조금 어렵다는 겁니다. 그래서 제가 최대한 쉽게 설명해 드리겠습니다. 내용이 조금 딱딱할지 몰라도 기독교인의 올바른 정치관을 알기 위한 중요한 토대를 다지는 일이니 차분하게 잘 따라와 주십시오.

나라가 왜 생겼을까요? 여기서 매우 중요한 개념이 '원죄'입니다. 만약 아담이 죄를 짓지 않았다면 즉, 이 세상과 인간이 죄로 오염되지 않고 온전했다면 국가니, 정부니, 정치니 하는 것은 전혀 필요 없었습니다. 우린 오직 하나님을 왕. 즉 절대군주로 모시는 그분의 백성으로 하나님의 통치를 직접 받으며 살아갔을 겁니다. 이런 의미에서 카이퍼는 "죄가 없는 곳에서는 그 어떤 법정, 경찰, 군대, 해군도 생각할 수 없고, 마찬가지로 모든 규정과 규례와 법률도 사라질 것"[12]이라고 말했습니다. 쉽게 말해 죄가 아니었다면 정부니, 국회니, 법원이니, 공무원이니 하는 그 어떤 것도 필요 없었을 거라는 말입니다(우리 기독교인들이 죽은 뒤 가게 되는 하나님나라를 생각하면 이해가 쉽습니다).

그러나 여러분도 잘 아시다시피 문제는 우리 조상 아담이 하나님께 불순종해 선악과를 먹었다는 겁니다. 죄가 들어왔습니다. 죄는 하나님과 우리 사이를 갈라놓았습니다. 오직 예수님만이 이 문제를 해결하실 수 있습니다. 하여 완전한 신이신 예수님께서 완전한 인간의 몸을 입고 이 땅에 오셔서 우릴 위해 십자가에 달려 죽으시고, 죽음을 이기시고 부활하셔서 우리는 하나님께로 나아갈 수 있는 은혜를 입게 됐습니다. 구원의 은혜, 특별한 은혜입니다. 아마 여기까지는 우리가 매우 잘 알고 있는 이야기입니다.

그런데 카이퍼는 하나님이 죄로 인해 부패하고 오염되고 훼손된 이 세상과 인간 사회에 하나님의 '일반 은혜'로 **죄를 어느 정도 억제하고** 계신다고 이야기합니다. 하나님께서 우리 인간 사회의 "방종과 불법을 방지하고 악에 대하여 선을 보호하기 위한 일반 은총(은혜)의 수단"[13]으로 사용하고 계신 매개가 바로 '정부(입법, 사법, 행정의 삼권을 포함하는 통치 기구를 통틀어 이르는 말)'입니다. 즉 하나님은 죄 때문에 정부를 제정하셨습니다.[14] 정말 놀라운 이야기입니다. 기독교와 전혀 상관없을 것 같았던 정부가 하나님의 도구라니요. 그렇다면 그 근거가 무엇일까요?

여기에서 등장하는 개념이 바로 **'주권'**입니다. 예전 학교 사회 시간에 국가의 3요소(국토·국민·주권)를 배울 때 들었던 단어입니다. 또는 교회에서 '하나님은 온 세상의 통치자, 주권자'라는 이야기에도 나오는 단어입니다. 이 알 듯 말 듯 한 '주권'의 신학적 정의, 법률적 정의, 사전적 정의가 각기 다른데요. 법률적 뜻은 "국가의 의사를 최종적으로 결정하는 권력. 대내적으로는 최고의 절대적

힘을 가지고, 대외적으로는 자주적 독립성을 가진다."입니다. 좀 더 쉽게 풀어 설명하자면 국가의 주권을 '국권'이라고 하는데 국권은 곧 "국가가 행사하는 권력"을 뜻합니다. 우리는 알게 모르게 정부의 주권과 통치권 곧 국권을 인정하고 있습니다. 예를 들어 경찰이 범죄자를 체포하거나 또는 운전법규 위반으로 과태료를 내야 하거나 아니면 국가가 부과한 세금 낼 때에도 자발적이든 비자발적이든, 인지하든 인지하지 못하든 공권력의 집행과 요구에 따릅니다. 이 국가의 힘(Power)이 바로 주권입니다.

핵심은 이 주권이 어떻게 만들어졌는가, 이 주권의 본래 출처가 어디인가입니다. 우리는 우리가 묻는 모든 질문에 대한 답을 철저히 성경에서 성경적으로 찾아야 합니다. 하나님을 왕으로 모시지 않고, 성경을 역사와 사실로 믿지 않는 몇몇 논크리스천 사상가들의 아이디어인 '사회 계약'이니 '일반의지'니 하는 말은 철저히 분별해야 합니다. (물론 그들이 만든 사상과 이론이 세상을 이해하는 데 있어 부분적으로 유용하고 유익한 면이 있을 수 있습니다. 하지만 그런 사상과 이론을 아무런 '복음 필터' 없이 전적으로 신뢰하거나 자신의 지적 토대로 삼는 것은 영적으로 해로울 뿐만 아니라 매우 위험합니다. 이 이야기는 이 책 6장에서 자세히 다룹니다) 우리의 모든 담론의 정직한 출발점은 창세기 1장 1절, 하나님께서 온 우주를 창조하셨다는 지점이 되어야 합니다.

다시 돌아와 여기서 존 칼빈(John Calvin, 1509~1564)은 하나님의 '절대주권'을 이야기합니다. 만약 창세기 1장 1절이 사실이라면 온 우주에 오직, 진정한 주권자는 하나님밖에 없다는 말입니다. 그분이 이 모든 걸 창조하셨으니까요. 그러므로 이 세상에 모든 주권은 '파생된 주권'이 되는 것이지요.[15] 즉 우리나라 정부가 행사하는 권력의 수원지(水源地, 물이 흘러나오는 근원이 되는 곳)가 우리 기독교의 하나님이라는 말입니다. 이건 단순히 종교적 단위의 종교적인 선언을 넘어서는 말입니다. 내가 사는 동네, 지역, 국가의 **실제 주권**이 기독교의 하나님으로부터 파생된 주권임을 깨닫는 것이 올바른 기독교 정치관을 이해하는 첫 출발입니다. 자 이제 아래 성경 구절을 읽어봅시다. 아는 만큼 보이기에 이전에 이 말씀들을 읽었을 때와 다르게 다가올 겁니다.

> 주님, 위대함과 능력과 영광과 승리와 존귀가 모두 주님의 것입니다. 하늘과 땅에 있는 모든 것이 다 주님의 것입니다. 그리고 이 나라도 주님의 것입니다. 주님께서는 만물의 머리 되신 분으로 높임을 받아 주십시오!
>
> — 역대상 **29:11**, 새번역

> 주권은 주님께 있으며, 주님은 만국을 다스리시는 분이시다.
>
> — 시편 **22:28**, 새번역

> 만물이 그분 안에서 창조되었습니다. 하늘에 있는 것들과 땅에 있는 것들, 보이는 것들과 보이지 않는 것들, 왕권이나 주권이나 권력이나 권세나 할 것 없이, 모든 것이 그분으로 말미암아 창조되었고, 그분을 위하여 창조되었습니다.
>
> – 골로새서 **1:16**, 새번역

위 말씀은 종교 경전에 나온 '종교적인 선언'으로 교회 예배 시간에 내 머릿속에서만 적용되는 구절이 아닙니다. 실제 우리가 살고 있는 '현실 사회'를 총체적으로 설명하고 있는 사실이자 진리의 말씀인 것입니다. 여의도 국회의사당의 권위, 용산 대통령실의 권위, 서초 대법원의 권위가 기독교의 하나님으로부터 파생된 권위이자 주권이라는 것. 창세기 1장 1절을 실제 우리 삶 곳곳에 전제하고 대입하는 것. 이것이 이 책의 대전제입니다. 정치를 논하기 전에 반드시 짚고 넘어가야 하는 지점이기도 하고요.

자, 다시 리마인드 해봅시다. 정치가 무엇일까요? 국가를 다스리는 일입니다. 그럼 국가는 왜 생겨난 것인가요? 아담의 원죄 때문입니다. 그럼 하나님은 국가 즉 정부를 통해 하시는 일이 무엇인가요? 하나님은 정부에 일정량 '파생된 주권'을 주셔서 이 세상의 죄를 어느 정도 억제하십니다. 웨인 그루뎀(Wayne Grudem, 1948~)은 본인의 저서 『웨인 그루뎀의 성경과 정치(상)』를 통해 정부는

"선한 일에 대하여 두려움이 되지 않고 악한 일에 대하여 [두려움이 되도록]"(롬 13:3), "악행하는 자를 징벌하고 선행하는 자를 포상하기 위하여(벧전 2:14)" 하나님께서 정하고 세우신 것이 정부라고까지 이야기합니다.[16] 우리가 신앙과 전혀 별개라 생각했던 '정치'라는 분야가 거룩하신 하나님의 '허락하신 도구'이자 영역이라는 이야기입니다.

그럼 여기에서 기독교인의 중요한 의무와 책임이 도출됩니다. 바로 국가(입법부·행정부·사법부를 모두 포함하는 개념)는 하나님의 창조질서와 성경에서 선포하고 있는 '옳음'과 '선함'의 내용과 기준을 인정하고 위배하지 말아야 한다는 것입니다. 대통령, 국회의원, 판사부터 시작해서 이 나라의 모든 공무원들이 전원 세례교인이 되어야 한다는 뜻이 아닙니다(애초에 국가가 기독교를 모든 국민에게 강제하지 않는 이상 불가능한 일입니다. 국가가 종교를 강요하는 것은 성경적이지 않습니다. 중세 시대 국가가 종교를 강요함으로 나타난 온갖 부작용을 생각해 보십시오). 입법부·행정부·사법부의 본질적 방향성과 경계선이 성경과 일치하거나 성경적 범주를 벗어나지 않아야 함을 의미합니다. 왜냐하면 국가가 행사하는 주권 그 자체를 성경의 하나님께서 허락하신 것이기 때문입니다.

기독교인이 서로 정치 이야기를 할 때는 먼저 위와 같은 논리가 전제되어야 합니다. 그러지 않는다면 신앙생활과 현실 정치가 분리된 채 서로 비일관적인 기준을 들이대며 결국 감정 다툼이 될 가능성이 큽니다. 내가 옳다고 하는 것을 상대는 틀리다고 하는데 거기에 자신의 신앙관까지 건드리는(?) 것 같으니 다툼이 격화되는 것이지요. 그러니 기독교인은 삶에서 이슈가 되는 정치 현안과 같은 대화를 시작하기 앞서, 정부와 정치 위에 창세기 1장 1절의 하나님과 그분의 통치를 전제하고 서로가 이 메타 개념에 동의를 한 후 대화를 진행하는 게 좋습니다. 그래야 '왜 쓸데없이 정치 얘기하는데 하나님을 운운하느냐' 또는 '왜 신앙얘기 하는데 또 정치 얘기로 빠지느냐'와 같은 소모적인 다람쥐 쳇바퀴를 벗어날 수 있기 때문입니다. 더 나아가 이제 우리는 '그럼 어떤 정부가, 어떤 정치가, 어떤 정책이 보다 성경적인가?'라는 건설적인 질문으로 기독교인의 본분적 부르심을 발견할 수 있게 되는 것입니다.

물론 성경에는 모든 정치적 이슈에 대한 정답이 나와 있는 것은 아닙니다. 성경은 현실 생활에서 접하는 모든 일에 대한 모든 정답을 알려주는 책이 아닌, 분명한 진리를 전해주는 책이기 때문입니다.[17] 어떤 정책, 어떤 법안은 성경에서 명징하게 옳다 그르다 하는 기준으로 분별할 수 있지만 또 어떤 정책, 어떤 법안은 매크로한 성경적 범주 안에서 역사와 사실에 근거해 건설적인 토론으로 '보다 나은 것'을 선별해야 할 때가 있는 법입니다. 하지만 다행히도 하나님이 존재하는지, 인간은 어떤 존재인지, 이 우주는 어떤 공간인지, 우리 삶의 목적이 무엇인지 등에 대한 답을 주고 있는 성경의 대원칙을 전제한다면 매 이슈마다 '보다 성경적인' 또는 '보다 성경에 열려 있는' 정책들을 분별하는 것이 전혀 불가능하지 않습니다. 어떤 정책에 대한 성경적 합의까지 그 길이 지난할 순 있으나 결국은 더 나은 길을 찾아낸다는 이야기입니다.

여러분은 아마 이쯤에서 의구심이 들 겁니다. '말은 좋은데… 지금 한국이나 전 세계 OECD 선진국들은 무신론이 철저한 주류 문화로 자리 잡았는데, 어떻게 저런 이야기가 가능하다는 거지?'라고 말입니다. 맞습니다. 바로 그 이유 때문에 이 시대를 사는 기독교인들은 더더욱 주의 깊게 '나랏일'에 관심을 가져야 합니다. 우리의 신앙과 신앙적 견해를 기회가 닿는 대로 공개적으로 말해야 합니다. 특히 미국과 달리 공적인 담론에서 하나님과 기독교 신앙을 철저히 배제하는 한국 사회에서는 더더욱 그렇습니다. 아예 없던 문화를 만들어내는 수준이라 더 큰 노력과 열정이 필요합니다. 만약 우리가 올바른 기독교 정치관을 배우지 않고, 외치지도 않는다면 그 사회와 사회구성원들은 하나님의 옳고 그름을 들을 기회가 없게 됩니다. 정치 지도자와 관료들도 마찬가지입니다. 그들은 이제 "고정된 표준과 절대 기준 대신 종합의 관점에서 생각하며"[18] 하나님의 옳은편에서 공무를 집행하는 것이 아닌, 사람들이 옳다 주장하는 그때그때의 '인본주의 기준'으로 나라를 운영하게 됩니다. 이런 의미에서 기독교인의 올바른 정치 참여가 이 나라를 영적인 낭떠러지에 떨어지지 않게 붙잡는 유일한 동아줄, 마지막 동아줄이라는 말입니다. 예수님 또한 우리가 복음의 짠맛을 잃지 않는 (교회당 안이 아닌, 교회 밖) 세상의 소금과 빛이 되라고 말씀하셨고요.

> 너희는 세상의 소금이니 소금이 만일 그 맛을 잃으면 무엇으로 짜게 하리요 후에는 아무 쓸 데 없어 다만 밖에 버려져 사람에게 밟힐 뿐이니라. 너희는 세상의 빛이라 산 위에 있는 동네가 숨겨지지 못할 것이요. 사람이 등불을 켜서 말 아래 두지 아니하고 등경 위에 두나니 이러므로 집 안 모든 사람에게 비치느니라. 이같이 너희 빛이 사람 앞에 비치게 하여 그들로 너희 착한 행실을 보고 하늘에 계신 너희 아버지께 영광을 돌리게 하라.
>
> — 마태복음 5:13-16, 개역개정

자, 이제 첫 번째 이야기를 마무리하도록 합시다. 정치가 무엇인지에 대해 설명하는 이 챕터에서 정치에 대한 성경적 의미를 제대로 이해하는 것이 중요합니다. 그래야만 온전한 기독교인의 필연적 정치 참여라는 영적인 고속도로가 뚫리기 때문입니다. 나라를 다스리는 일이 정치라고 하면, 그 나라의 주권을 하나님이 주셨다고 하면, 정부와 공직자들은 나라를 운영함에 있어 '하늘의 의무'

와 '하늘의 경계선'이 생기게 됩니다. 우리가 살고 있는 나라가 바로 이 본분에서 벗어나지 않도록 또 보다 성경적인 가치 기준으로 국정이 운영될 수 있도록 감시하고 참여하는 것 역시 우리 기독교인의 의무가 됩니다. 즉 우리 기독교인들이 정치에 대해 이야기하면 할수록 어느새 우리가 품어야 할 시대적 사명과 소명에 눈을 뜨게 되는 겁니다. '왜 기독교인이 정치 이야기해?'라고 생각했던 케케묵은 신앙과 생활의 이분법적인 담벼락이 한순간에 허물어지는 것입니다.

이것이 예수님의 온전한 제자들이 필연적으로 견지할 수밖에 없는 온전한 기독교 정치관입니다.

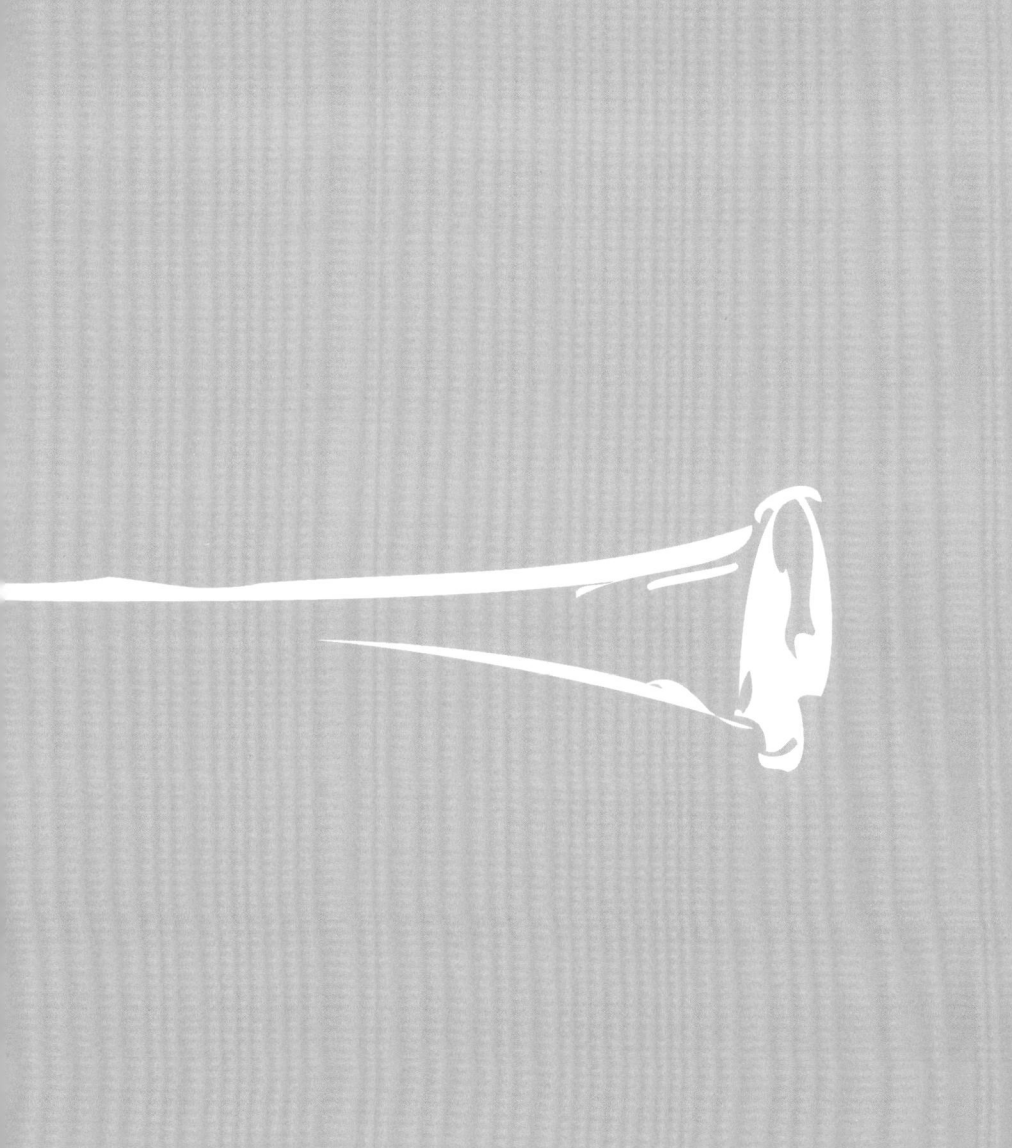

2장. 정치와 선거가 내 신앙생활과 무슨 상관이 있어요?

한 번은 어느 교회에서 나라의 중차대한 선거를 앞두고 기독교인이 어떤 정치관을 가져야 하는지에 대해 이야기해달라는 강연 요청을 받은 적이 있습니다. 강연의 주요 요지는 '오늘날 깨어 있는 기독교인이라면 올바른 성경적 정치관을 견지해야 하며 그렇기에 우리는 필연적으로 현재 급진적으로 전개되고 있는 반성경적인 문화 흐름과 입법·행정·사법 흐름에 성경적 반응을 할 수밖에 없다'였습니다. 거룩한 저항 말입니다. 물론 애초에 저에게 강연 요청을 한 교회이니 저와 엇비슷한 신앙관을 견지한 교회였으며 현장 분위기 역시 은혜로웠습니다. 그러나 안타깝게도 다른 수많은 교회들은 사정이 매우 다릅니다. 애초에 교회 강연자로 '저

같은 사람'을 부르지도 않을뿐더러 혹여 부를지언정 이런 주제로 강연 부탁을 하지 않습니다. 교회 내 분란과 분열이 있을 수 있기 때문입니다. 설령 이런 이야기를 했다 한들 대번에 '왜 교회에서 정치 얘기를 해?'부터 시작해 '저 사람은 자신의 정치관을 선전하려고 기독교를 이용한다', '저 사람은 예수님 잘 믿고 있는 우리를 미혹(?)하는 사람이야!', '우린 이미 영적으로 새사람이 되었는데 저 사람은 혼적인 이야기만 하고 있네' 등등 대개 부정적인 반응들이 대부분입니다. 복음적이지 않다라 여기거나 왜 이런 이야기를 교회에서 들어야 하는지 이해 자체를 못하는 것이지요.

하물며 저를 초청한 교회에서도 강연 이후, 담당 교역자분이 말씀해 주시기로 최근 자신도 교회 청년에게 이번 선거가 갖는 신앙적·신학적 중요성에 대해서 이야기했더니 그 청년이 '선거랑 제 신앙생활이 무슨 상관이에요?'라고 오히려 되물었다는 것입니다. 복음적인 정치관을 열심히 전하려는 교회 내에서까지 이런 일들이 비일비재합니다. 현재 한국 기독교계 상황을 단적으로 보여주는 매우 상징적인 장면이라 할 수 있습니다. 동시에 현시대 대다수 기독교인들에게 어떤 설명을 어떻게 해줘야 하는지에 대한 유의미한 힌트를 얻을 수 있는 장면이기도 하고요.

그럼 위 예시처럼 교회 밖 세상에서 선출직 공무원을 뽑는 선거와 투표가 내 신앙생활에 어떤 관련이 있는 것일까요? 성경에 "왕들과 높은 지위에 있는 모든 사람을 위해서도 기도하십시오. 그것은 우리가 경건하고 품위 있게 조용하고 평화로운 생활을 하기 위함입니다."(딤전 2:2 새번역)라고 쓰여있는 것처럼 기독교인은 교회 밖에서 무슨 일이 일어나든, 어떤 정치인이 어떤 나라를 만들어가든 그저 교회에서 기도만 하면 되는 것 아닌가요? 게다가 예수님도 '황제의 것'과 '하나님의 것'을 나누셨는데(마 22:21) 우리 '영적인 사람들'이 왜 굳이 세상 영역에서 일어나는 일에 직접적·적극적인 관여를 해야 할까요? 성경 공부하고 은혜받기도 바쁜데 왜 우리가 소위 좌파 우파 이념대립 운동장 한복판에 뛰어 들어가야 하는 것일까요?

위 내용들은 얼핏 들으면 다 맞는 말 같습니다. 성경 어느 구절에도 직접적인 정치 참여를 독려하는 구절은 없으니까요. 사도 바울 역시 예수님을 만난 이후 예수님을 전하며 교회를 세웠지, 정당을 만들어 로마를 상대로 쿠데타를 역모하거나 또는 반대로 로마 정권에 종사하는 공직자의 길을 걷지 않았기 때문입니다. 이것으로 모든 논란은 종결된 것 같습니다. 정말 저는 복음보다 특정 이념에 빠져 성도들의 거룩한 신앙생활에 혼란과 혼돈을 가져오는 어리석고 나쁜 사람일 수도 있겠습니다. 하지만 우리는 성경 전체를 성경적으로 읽어야 합니다. 문맥에 상관없이 본인의 주장을 강화하기 위한 인본주의적 논거 조각으로 말씀을 도용하고 악용하면 안 됩니다. 만약 위 주장이 맞는다면 베드로전서 2장 13절부터 15절까지의 구절은 거짓말이 될 겁니다.

> 여러분은 인간이 세운 모든 제도에 주님을 위하여 복종하십시오. 주권자인 왕에게나, 총독들에게나, 그렇게 하십시오. 총독들은 악을 행하는 사람에게 벌을 주고 선을 행하는 사람에게 상을 주게 하려고 왕이 보낸 이들입니다. 선을 행함으로 어리석은 자들의 무지한 입을 막는 것이 하나님의 뜻입니다.
>
> – 베드로전서 2:13-15, 새번역

베드로는 인간이 세운 모든 제도에 주님을 위하여 복종하라고 합니다. 또한 공직자의 공권력 행사는 악을 행하는 사람에게 벌을 주고 선을 행하는 사람에게 상을 주는 하나님의 '선한 도구'라고까지 이야기합니다. 이 말씀대로라면 우리는 어느 정치지도자, 어느 정치 시스템이건 '무조건' 복종해야 할 것만 같습니다. 그러나 섣부른 사람들과 달리 성경 전체를 성경적으로 보려는 신중한 신자들은 여기서 논쟁을 종결하지 않습니다. 이 지점에서 우리는 이런 질문을 던질 수 있습니다. '그런데 만약 정부와 정치인이 하나님 자체를 인정하지 않는다면?', '공인이 공권력 행사에 오히려 하나님이 죄라고 하는 것을 죄가 아니라며 사람들을 미혹시킨다면?'이라고 말입니다.

하나님을 인정하지 않는 것에 그치지 않고 아예 하나님을 부정하고 반역하는 삶을 '옳다'고 종용하는 제도에도 기독교인들은 '복종'해야 하는 것일까요? 당연히 아닙니다. 하나님은 각 나라 헌법 위에 계시고, 정치 지도자 위에 계시는 창조주 하나님이시기 때문입니다. 그 어느 피조물도 창조주를 배신하고 반역할 권위나 능력은 없습니다. 우리가 정치인들과 정부를 위해 기도하고 복종하는 기본전제는 하나님을 인정하고 예배하는데 이롭기 위함입니다. 하버드 법대에서 법학박사를 받고, 현재 에모리대학교 법대 교수직을 맞고 있는 존 위티 주니어(John Witte Jr. (1959~))는 칼빈의 말을 빌려 세속 권위가 "하나님에게 불순종하게 할 때, 성경을 무시하게 할 때, 양심을 범하게 할 때"에는 기독교인들이 세속 권위에 반드시 불순종해야 한다고 말합니다.[19] 다니엘도 30일 동안 임금 이외에 다른 어떤 신에게 무엇을 간구하는 사람은 사자 굴에 집어넣기로 한 임금의 칙령을 의도적으로 거부하고 불순종했음에도 하나님은 다니엘이 "임금님께도 죄를 짓지 않았"다라 하십니다.(단 6:22) "다니엘은 죽을 위험에 처한 자신보다 하나님을 더 위에 두었고, 결국 아무 해도 입지 않았기 때문"입니다.[20]

우리가 위에서 읽은 디모데전서와 베드로전서 말씀도 마찬가지입니다. 오히려 위 말씀들은 하나님 보시기에 '좋은 정치(인)'와 '나쁜 정치(인)'을 가르는 기준이 되어줍니다. 이게 아주 중요합니다. 우리들의 "경건하고 거룩한 (신앙)생활"을 보호하고, 돕고, 유지하는 것이 좋은 정치이고, 반대로 "경건하고 거룩한 (신앙)생활"을 방해하고, 미혹하고, 저해하는 것이 나쁜 정치입니다. 우리는 당연히 전자를 위해 기도해야 하고요. 하지만 여기서 끝이 아닙니다. 우리 성도들은 기도하는 동시에 또 다른 성경적 의무를 실천할 수 있습니다. 바로 우리들의 적극적인 투표가 그것입니다.

사도 바울의 시대는 '황제 주권' 시대입니다. 황제가 국가의 의사를 최종적으로 결정하는 권력이었지요(1장 내용을 기억하시나요? 이 황제의 주권도 궁극적으로는 절대주권자 하나님의 주권으로부터 '파생된 주권'입니다). 물론 이 부분에서 로마의 공화정과 사법 체계를 생각하는 분들도 있겠지만 그럼에도 당시에는 사람이 온 나라를 다스리는 인치(人治)의 시대였다는 것 자체는 부정할 수 없는 사실입니다. 대표적인 예로 카이사르 아우구스투스(Caesar Augustus)라고 불렸던 '옥타비아누스(Gaius Octavianus, BC 63 - AD 14)는 BC 12년 이후로 "국가 종교의 수장이 되어 최고 신관(Pontifex Maximus)의 칭호를 얻고서, '로마의 정신과 황제의 초월성'을 숭배할 것을 모든 사람에게 촉구"하며, "후에 이것을 제국의 모든 백성에게 강요했고, 그 이후의 황제들은 신처럼 지배했"습니다.[21] 로마인들의 압제 속에 있던 이스라엘 백성들이 자신들만의 율법 제사를 드릴 수 있던 이유는 첫째, 정복 국가에 대한 로마의 관용 정책과 둘째, 유대 종교 지도자들이 만든 '우리들이 믿는 신에게 로마 황제를 위해 기도드리겠다'라는 아슬아슬한(?) 논리와 명분을 로마가 허락했기 때문이었습니다.

만약 황제가 이스라엘 백성을 못살게 굴고 하나님을 모욕하더라도 이스라엘 백성들은 하나님께 간절히 간구하는 방법 이외에 그 황제 자체를 '교체'할 수 있는 공적으로 승인된 방법은 아무것도 없었습니다. 이외의 방법은 무력을 동반한 정치 쿠데타만이 유일하고 위험한 옵션이었을 뿐입니다. 실제 AD 66년 예루살렘에서 일어난 대규모 반란으로 시작해 AD 73년 마지막 요새였던 마사다가 로마군에 포위되자 참혹한 집단 자결로 끝나버린 제1차 유대-로마 전쟁이 대표적인 예입니다.

그런데 현대 사회는 어떻습니까? 아마 여러분도 TV나 교과서를 통해 많이 들어본 내용이 있을 텐데요. 우리나라의 핵심 뼈대라고 할 수 있는 대한민국 헌법 제1조 2항을 함께 읽어볼까요?

**대한민국의 주권은 국민에게 있고,
모든 권력은 국민으로부터 나온다.**

맞습니다. 우리 사회는 '황제 주권' 시대가 아닌, '국민주권' 시대입니다. 모든 국민 한 명 한 명이 '주권자'입니다. 공공 기관의 통치 행위에 대한 모든 공권력은 국민으로부터 나옵니다. 통치자 대통령이 피통치자인 우리 시민들의 동의로 임기와 능력에 제한을 둔 통치권을 행사한다는 말입니다. 여기서 핵심은 국민이 통치자를 직접 뽑을 수 있다는 것입니다. 대통령뿐만 아니라 국민의 대표인 국회의원도 마찬가지입니다. 우리는 우리 신앙생활이 보다 "안정되고 평온한 가운데서 (보다) 경건하고 거룩한 생활을 하기 위"해 공적 업무의 방향성이 보다 성경적인 정당, 성경적인 정치인을 선택할 수 있습니다. 이것이 바울이 살던 시대와 우리가 살고 있던 시대의 가장 큰 차이점 중 하나입니다. 황제를 바꿀 수 없던 시대에는 황제가 죽을 때까지 기다리거나, 반란이나 폭동이 나길 기다리거나, 하나님께 간절히 기도하거나, 무력 쿠데타를 일으키거나, 박해가 비교적 덜한 곳으로 도망가는 것밖에 없습니다. 그러나 지금은 그저 우리의 투표권을 행사하는 것으로 대통령과 국회의원 및 시·구의원, 교육감을 교체할 수 있는 놀라운 시대라는 것이지요.

기독교는 내가 속한 세상이 어떻게 돌아가든, 나 자신의 개인 수양에만 집중하는 종교가 아닙니다. 그게 맞다면 예수님은 우리에게 산속에 들어가 따로 움막을 짓고 세상이 어떻게 돌아가든 전혀 신경 쓰지 말고 오직 개개인의 정신수양에만 집중하라 말씀하셨을 겁니다. 그러나 예수님은 우리에게 세상 속으로 가라 말씀하셨습니다.(마 28:19) 마음의 소금이 아니라 "세상의 소금"이라 하셨고, 마음의 빛이 아니라 "세상의 빛"이라 하셨습니다(마 5:13-14). 이 말인즉슨 우리가 현재 속한 사회를 향한 하나님의 평가에 일정량 우리의 책임이 있다는 말이기도 합니다. 만약 그 사회 정치 시스템을 시민 스스로 바꿀 수 있는 국민주권 사회, 시민정부 사회라면 더더욱 우리의 책임이 크지요. 반성경적인 정치 흐름을 바꿀 수 있는 권한이 있음에도 바꾸지 않았다는 건 마치 충분한 기회와 능력, 허락된 재량권이 있었음에도 주인에게 받은 1달란트를 땅에 묻어놓은 종과 다를 바 없습니다(마 22:18). 재량과 선택에는 책임과 의무가 따르기 때문입니다.

우리가 이렇게 편하고 안전하게 신앙생활을 할 수 있는 것도 정치 영역에서 하나님의 부르심과 사명을 감당한 그 누구의 헌신과 희생 때문입니다. 대표적으로 영국의 신실한 기독교인 윌리엄 윌버포스(William Wilberforce, 1759-1833)는 약 20년 동안 '정치투쟁'을 해서 1833년 마침내 영국에서 노예무역 폐지법안이 의회에 통과되었습니다. 윌버포스는 성령체험 이후 목사가 되길 꿈꿨지만 노예무역선 선장이었다가 하나님을 만난 뒤 목사가 된 존 뉴턴(John Newton, 1725-1807. 찬송가 '나 같은 죄인 살리신' 작사가로도 알려져 있다)의 설득과 권유로 정치 영역에서 자신의 부르심을 완수한 사람입니다.[22] 그의 노력으로 영국에서 노예무역이 폐지되었을 뿐만 아니라 덴마크, 미국, 프랑스, 라틴아메리카 국가들까지 노예무역을 금지하게 됩니다. 성령 충만한 기독교인 한 명의 순종으로 인해 전 세계 정치풍토와 전 세계 문화 자체를 완전히 바꿔버린 것입니다. 윌버포스에게 '왜 기독교인이 정치 이야기하느냐', '정치 말고 전도에 집중하라'라 비판할 수 있는 사람은 아무도 없습니다. 오히려 우리 기독교인들이 세상의 소금과 빛이 되기 위해 윌버포스와 같은 삶을 살아내야 하는 시대적 과업을 안고 있음이 분명합니다.

오늘날 북한에서 성경책을 소지하거나 유포해 보십시오. 공개 총살입니다.[23] 중국에서도 성경을 나눠줬다는 이유만으로 체포되어 감옥에 투옥됩니다.[24] 최근에는 중국 공안이 기독교 집회를 급습해 기독교인 200여명을 체포한 일까지 있었습니다.[25] 또는 영국에서 공개적인 장소에서 기독교식으로 기도해 보십시오. 범죄자 취급당합니다. 최근 영국 정부는 영국 참전 용사이자 물리치료사인 51세 애덤 스미스 코너가 낙태 클리닉에서 50미터 떨어진 장소에서 침묵으로 기도했다는 이유만으로 '사상범죄' 혐의로 기소, 유죄 판결을 받았습니다.[26] 이런 사례만 살펴보더라도 현재 우리 대한민국 기독교인이 이렇게 '평범하고 일상적으로' 신앙생활 할 수 있는 건 절대로 공짜가 아닙니다. 성경과 성경적 가치관에 열려 있는 정치 체제(system)의 산물입니다. 하나님 주신 소중한 선물이지요(그러나 한국 기독교인들이 누리는 이런 은혜와 평안도 근본적인 위기에 봉착했지만 말입니다).

하나님은 우리에게 '국민주권'을 인정하는 나라에 태어나게 하셨고 살게 하셨습니다. 아담에게 에덴을 맡아서 돌보게 하셨듯(창 2:15) 우리에게도 이 예배자들의 자유를 보호하고 있는 정치 체제를 맡아서 돌보고 지키도록 하신 임무를 주셨습니다. 우리는 우리가 사는 곳이 성경적으로 평안한 곳이 될 수 있도록 노력해야 하는(렘 29:7) 사명이 있습니다. 이런 의미에서 우리 모두는 파수꾼입니다. 하나님께서는 내 개인의 믿음뿐만 아니라 내가 속한 사회에 하나님의 주권과 영광이 잘 지켜지도록 파수꾼으로 부르십니다. 만약 내가 속한 사회에서 성경적 원리에 어긋나는 법안 또는 주류 문화가 있다면 우리는 마치 윌버포스처럼 당당히 세상을 향해 '공개적으로' 하나님의 나팔을 울려야 하는 것입니다.

정치와 선거는 내 신앙생활과 매우 깊은 상관이 있습니다. 오히려 내가 하나님을 신본주의적으로 잘 믿고 있는지에 대한 바로미터가 된다고도 할 수 있습니다. 온전한 예배자라면 시대의 악함과 미혹에 당연히 반응할 수밖에 없기 때문입니다. 하나님 사랑, 이

웃 사랑(마 22:37-39)을 최 고차원적으로 순종할 수 있는 길. 그것이 바로 우리의 정치 영역이었던 것입니다.

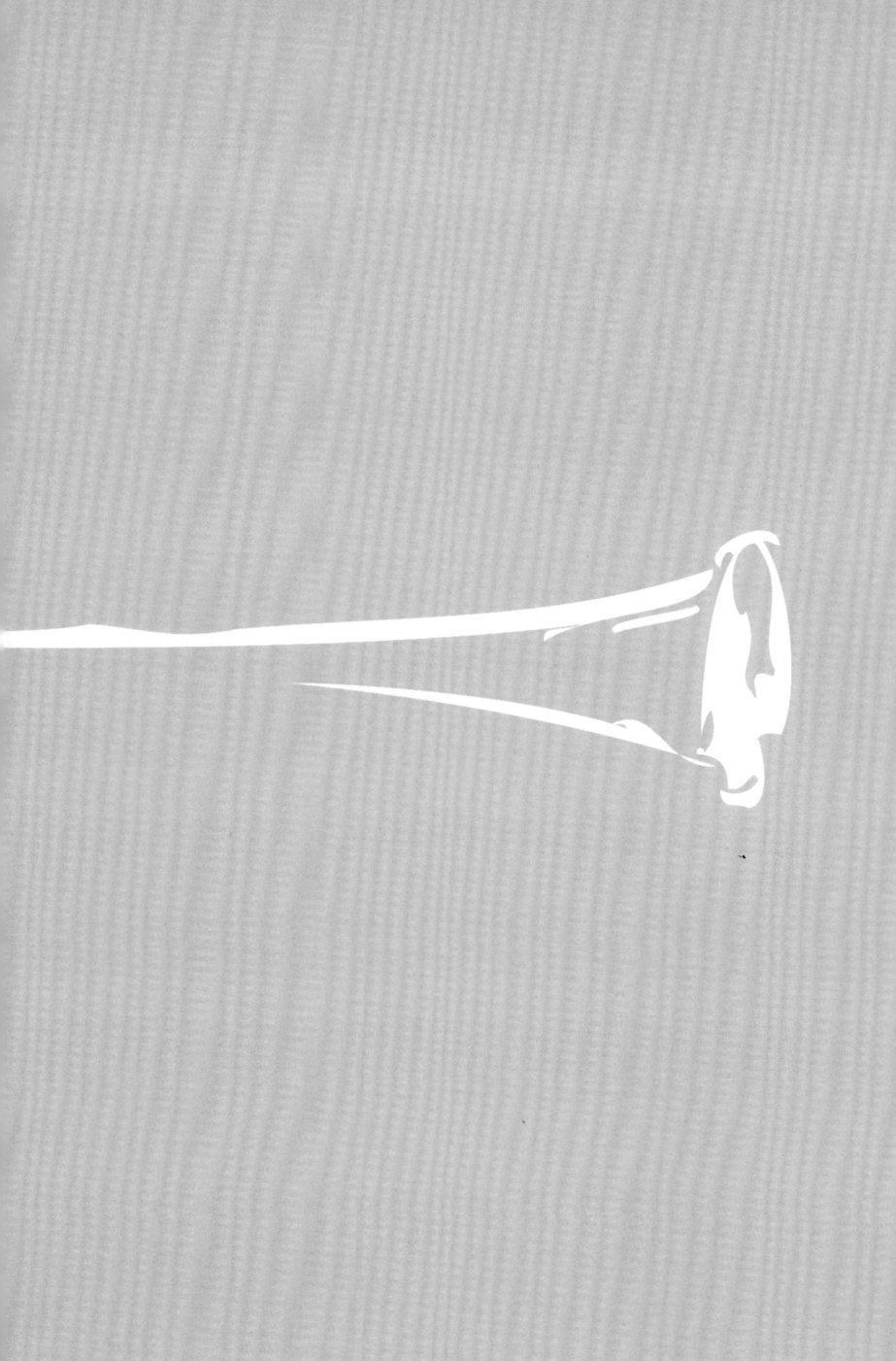

3장. 성경적으로 옳은 정치인 분별법이 따로 있나요?

우리나라는 사람이 다스리는 나라가 아니라 법이 다스리는 나라입니다. 전자를 인치(人治)라고 하고 후자를 법치(法治)라고 합니다. 대통령이든 국회의원이든 판사든 모두 법 아래 있습니다. 물론 요즘은 '법의 지배'(rule of law)보다 특정 정치 집단의 '법에 의한 지배'(rule by law) 가 문제가 되고 있긴 합니다만 우선 원칙적으로 대한민국은 법치 국가입니다. 그 법을 만드는 곳을 입법부, 법으로 나라를 운영하는 곳을 행정부, 법으로 심판하는 곳을 사법부라고 합니다.

우리가 소위 '정치인'이라고 말하는 사람들은 대개 입법부에 속한 국회의원을 말합니다(물론 우리가 선거로 뽑은 대통령 역시 정치인입니다. 대통령은 국가의 주요 정책을 결정하고 집행하는 데 있어 중요한 역할을 합니다. 이런 역할은 정치성을 띠고 있습니다. 또한 대통령은 국가의 원수로서 국내외적으로 국가를 대표하고 이끌어가는 정치적 리더십을 발휘합니다). 국회의원은 '정당'에 몸을 담고 있는 의원과 '무소속' 의원으로 나눌 수 있는데 현실적으로 거의 모든 국회의원은 정당 안에 몸을 담고 있습니다.

여기서 중요한 게 바로 정당입니다. 정당의 사전적 의미는 "동일한 정견(정치적 의견)을 가진 사람들이 정권을 획득하여 정치적 이상을 실현하기 위하여 조직한 단체"[27]를 의미합니다. 한국에서 가장 큰 정당은 국민의힘과 더불어민주당이 있습니다. 이 각자의 정당에는 각 정당 고유의 당헌(黨憲, 정당에서 내부적으로 정한 강령이나 기본 방침)과 당규(黨規, 정당의 규칙이나 규약)가 있는데 소속 국회의원은 자신이 속한 이 정당의 '당헌당규'라는 테두리에서 의정 활동을 해야 합니다. 국회의원 개인의 어느 정도 재량적 의정 활동도 인정합니다만 그럼에도 기본적으로 '당의 결정'을 따라야 합니다. 이것을 전문 용어로 '당론 구속' 또는 '당론 강제'라고 합니다. 쉽게 말해 정당은 하나의 팀이고 국회의원은 그 팀에 소속된 선수입니다. 아무리 소속 팀에 스타플레이어가 있다 할지라도 팀이 먼저라는 말입니다.

그럼 성경적으로 옳은 정치인 분별법을 논하는 챕터에서 왜 정당 이야기를 하는 것일까요? 정치인을 성경적으로 분별하기 위해서는 그 정치인이 속한 정당과 그 정당의 당헌당규를 봐야 하기 때문입니다. 정치인 개개인이 교회를 얼마나 열심히 다니든, 평소에 얼마나 심성이 착하든 그것은 어디까지나 정치인 개인 차원의 사적인 평가입니다. 그러나 정치인은 공인(公人, 공적인 일에 종사하는 사람)입니다. 공적으로 평가를 해야 한다는 말입니다. 그리고 그 공적 평가는 그 사람의 공식적인 의정 활동으로 평가해야 하며 한 정치인의 공적 의정 활동은 그가 속한 정당의 철학에 구속되어 있기에 그 정치인에 대한 분별과 평가는 필연적으로 그가 속한 정당의 당헌당규가 얼마나 성경적인지, 성경적 가치관에 열려 있는지 등을 살피는 것으로 귀결됩니다.

대부분의 한국 교회가 반대하고 있는 '차별금지법'을 예로 들어보겠습니다. 2021년 11월 3일 국회 소통관에서 차별금지법(평등법) 제정을 촉구하기 위해 당시 국회의원이었던 더불어민주당 권인숙, 이상민, 박주민, 정의당 장혜영 의원이 기자회견을 열었습니다.[28] 더불어민주당 대통령 후보로 당선된 문재인 전 대통령도 인권위 설립 20주년 행사에 참석해서 "차별금지법 반드시 넘을 과제"라는 취지의 발언을 했습니다.[29] 현시점에서 유력 대통령 후보인 이재명 후보 역시 2023년 외신기자클럽 기자회견에서 "차별금지법은 필요한 법안이다"라고 말하며 차별금지법 제정에 긍정적인 의사를 표현했습니다.[30] 차별금지법 제정에 적극적·긍정적 의견을 표하거나 실제 법제화를 위해 애쓰는 국회의원 개개인이 교회를 다니든, 자선을 얼마나 베풀든 사적으로 만나면 얼마나 인격적이고 덕성이 뛰어나든 그것과 별개로 정권과 당 차원에서 성경에서 옳다 하는 것을 '혐오' 또는 '차별'이라 규정하며 법적 처벌을 할 수 있는 차별금지법 제정을 위해 공식적인 의정 활동을 하고 있다면 그것은 명징한 '반 성경적' 포지션에 속한 정치인들이라 할 수 있습니다.

반대로 차별금지법을 당 차원에서 반대하는 정당이 있다고 하면 그 정당에 속해 있는 국회의원 개개인이 교회를 다니든, 다니지 않든 그 사람의 의정 활동은 아주 넓은 의미에서 (차별금지법과 관련한 사안에 한하여) 성경적이라 할 수 있습니다. 그들이 인지하든 인지하지 못하든 차별금지법 제정을 반대하는 그들의 의정활동은 대한민국이라는 나라에 성경적인 창조 질서를 지키는 '파수꾼'적 매개로 사용되고 있기 때문입니다.

여기서 차별금지법에 대해 아직 잘 모르는 분들을 위해 설명을 해드리겠습니다. 소위 주류 언론에서 말하는 것처럼 '몇몇 기독교 세력이 자신들의 이해를 지키고 고수하기 위해 성소수자들의 인권 억압을 종용하고 있다', '우리 사회에 혐오를 조장하고 있다' 등의 이야기를 하는데 이것은 사실이 아닐뿐더러 악의적인 왜곡에 가까운 선동이라 할 수 있습니다. 다행히 요즘에는 비기독교인들 중에서도 차별금지법의 본질과 그 해악을 깨닫고 주변에 널리 알리는 분도 생기고 있으며 평소 교회에 관심 없거나 교회를 향한 적개심이 있는 일반 2030 청년들조차 차별금지법 이슈에 대해서는 차별금지법을 명징히 반대하는 한국교회에 감사를 표하기도 합니다.

그럼 교회는 차별금지법(평등법)을 왜 그토록 반대하는 것일까요? 원론적으로 말하면 하나님이 '절대로' 아니라고 하는 것을 인간 차원의 사회적 합의로 '맞다'라고 하는 (하나님께) 반역적 악법이기 때문입니다. 그럼 하나님께서는 도대체 무얼 절대로 아니라고 하는 것일까요? 남자와 여자라는 생물학적 성 구분을 뒤엎는 것은 옳지 않다고 하는 것입니다. 상식 차원에서 너무 당연한 이야기를 왜 이렇게 진지하게 하는 것일까요? 특정 정당과 그 정치 세력은 바로 이 성경적·시민적 상식을 뒤엎고 자신들의 특정 정치적 주장을 일반 시민들에게 강제하기 때문입니다. 더 나아가 이 주장을 따르지 않을 시에 법적인 처벌을 하려 하고 있지요.

성경은 성별이 남자와 여자, 두 개라고 이야기합니다.

하나님이 당신의 형상대로 사람을 창조하셨으니, 곧 하나님의 형상대로 사람을 창조하셨다. 하나님이 그들을 남자와 여자로 창조하셨다.

- 창세기 1:27, 새번역

이것은 생물학적 사실입니다. 사람의 성별을 결정짓는 염색체는 XY, XX 염색체밖에 없습니다(터너 증후군, 클라인펠터 증후군 등 극히 예외적인 경우가 존재하지만 기본적으로 사람의 성별을 결정하는 주요 염색체는 X와 Y 두 가지입니다). 사람의 성별이 두 개라는 것은 의과학적인 사실이기도 합니다. 굳이 따로 공부하지 않아도 선험적·직관적으로 알 수 있는 '자연스러운 분별'입니다.

그런데 성경을 진리로 믿지 않는 사람들은 이 자명한 사실에 근본부터 반기를 듭니다. 동성연애자이자 캘리포니아주립대학교 대학교수인 주디스 버틀러(Judith Butler)가 대표적입니다. 주디스 버틀러는 성은 생물학적 성만 있는 것이 아니라 '사회적 성'이 따로 있다 주장하며 '성(Sex)'와 '젠더(Gender)'를 분리하는 과격한 이론을 만들어 설파합니다. 이 반성경적 이론을 명분 삼아 성경을 진리라 믿지 않을뿐더러 하나님을 대적하는 편에 선 온갖 진영의 '세상 전문가' 및 인플루언서들은 자신들이 불의의 도구로 쓰임 받고 있다는 사실도 모른 채 반성경적 '젠더 성이론' 법제화 운동과 대중

문화 운동을 벌이게 됩니다.

이들은 일단 인간의 성별은 남자와 여자 두 개가 아니라 수십 가지나 된다고 이야기합니다. 2016년 미국 뉴욕시 인권위원회는 성별이 공식적으로 31가지가 있다라고 이야기했습니다.[31] 더 나아가 이 이론을 신봉하는 사람들은 이 수십 가지의 성별 중에 자신이 원하는 성별은 스스로 고를 수 있다라고 이야기를 합니다. 즉 성별은 하나님께서 정해주신 것이 아니라(=성별은 고정된 것이 아니라) 임의로 선택할 수 있다라 이야기하는 겁니다. 이것이 2024 파리 올림픽 권투 시합에서 XY염색체 선수와 XX염색체 선수가 한 링에서 권투 시합을 하게 된 이유입니다.[32] 캐나다에서 열린 여자 대학 배구 경기에 (남자 성기를 갖고 있는 생물학적 남자) 성전환 선수 5명이 한꺼번에 출전해 정작 '진짜 여자' 선수들이 벤치에 앉아 있을 수밖에 없었던 이유입니다.[33] 자신의 생물학적 성별이 무엇이든 본인이 되고 싶은, 본인이 주장하는 성별이 될 수 있으며 온 사회 공동체가 이 과격한 주장을 인정해 줘야 한다는 겁니다. 조금이라도 반대 의견을 개진할 시 그것은 '혐오 발언'이며 범죄로 인정되는 '차별'을 자행했다는 것입니다.

차별금지법이 통과된 나라에서 벌어지고 있는 실제 사례들을 열거하기에도 책 한 권 분량이 필요합니다. 몇 년 전만 하더라도 차별금지법 제정 세력들은 이런 이야기를 '가짜뉴스'라고 단정 짓고 이런 소식을 전하는 사람을 '가짜뉴스 유포자'라며 사회적 낙인찍기에 바빴습니다. 그러나 전방위적으로 온갖 심각한 부작용이 튀어나오니 이제는 슬그머니 말을 바꿔 '극단적인 사례를 일반화하며 과도한 공포심을 조장한다', '성소수자들의 인권을 차별하는 사회적 폭력을 조장한다' 등의 프레임 전환을 시도하고 있습니다. 대중 매체에서 온갖 동성애물이 미화되어 쏟아지는 이유도 이 반성경적 젠더 성혁명적 흐름에서 바라본다면 차별금지법 제정 세력의 매크로한 가스라이팅 물결을 발견할 수 있는 것입니다. 그러나 이 챕터에서는 성경적 기준으로 정치인을 분별할 수 있는 방법을 설명하는 챕터이니 차별금지법의 본질과 그 해악에 대한 구체적인 내용은 후술하도록 하겠습니다.

다시 돌아와 이런 악법을 제정하려는 정당은 잘못된 정당입니다. 그리고 그 정당에 속한 정치인들은 나쁜 정치인입니다. 차별금지법 제정 세력에 속한 정치인은 개개인이 신학 전공자, 교회 장로, 안수집사라 할지라도 그들의 공적 활동에 대한 공적 판단은 별개의 영역인 것입니다. (프롤로그에서 언급한 2023년 김민석 총리의 차별금지법 반대 발언은 이례적입니다. 만약 이재명 정권 차원에서 차별금지법을 제정하려는. 또는 그에 준하는 시도를 했을 때 김민석 의원이 또다시 '공개적'으로 반대한다면 그것은 차별금지법 반대라는 건에 한하여

'옳은 의정활동'이라 할 수 있습니다. 그러나 매우 안타깝게도 이재명 정권은 집권 초부터 젠더성혁명의 일환으로 여성가족부를 '성평등가족부'로 개편한다고 밝혔으며[34] 김민석 총리는 이에 대해 그 어떤 공개적인 발언을 하지 않고 있습니다. 위에서 설명한 것처럼 공인 한 명이 결국 정권과 정당의 큰 흐름에 종속되어 버리는 것이라 볼 수 있습니다. 적어도 이 글을 쓰는 시점에서는 그렇습니다) 혹자는 이렇게 따져 물을 수도 있습니다. 차별금지법이 문제가 많은 건 알겠는데 어떻게 이 한 법안만으로 단죄를 하고 일반화를 하느냐고 말입니다. 그럼 차별금지법을 반대하는 정당에 속한 정치인들은 어떤 나쁜 짓을 해도 다 옳은 거냐고 말입니다. 하지만 이런 유의 논박을 하는 분들은 빙산의 일각만 보고 있을 가능성이 큽니다. 별것 아닌 것처럼 보이는 저 작은 빙산의 일각 때문에 길이 약 269미터, 폭 약 28미터짜리 타이타닉호가 침몰했습니다. 전문가들이 분석한 타이타닉호와 충돌했던 수면 위 빙산의 대략적 높이는 약 15~30미터였다고 합니다.[35] 타이타닉 배 위에서 바라본 수면 위 얼음이 얼마나 별것 아닌 것처럼 보였을까요?

이처럼 차별금지법은 국가의 정체성이 반성경적으로 완전히 돌아서게 하는 수면 위 작게 보이는 빙산의 일각입니다. 오히려 우리가 되물어야 할 질문은 이것입니다. 그럼 이토록 부작용이 많은 악법을 도대체 왜 그렇게 끈질기게 법제화하려 노력하느냐고 말입니다(참고로 우리나라는 이미 개별차별금지법이 촘촘히 잘 구성되어 있습니다). 도대체 '젠더 문화'가 무엇이길래 우리 세금을 전국 공공기관 및 지자체부터 시작해 온 나라 건물에까지 '성중립 화장실' 건축비 및 관리비로 써야 하는 것이느냐고, 성소수자 인권 운운하는 사람들은 왜 탈북민소수자 인권에 대해서는 의도적으로 외면하고 있느냐고, 도대체 그 뒤에 무엇이 있길래 '진짜 여자' 스포츠 선수들이 여자라 주장하는 생물학적 남자들에 의해 금메달을 빼앗기는 역차별을 당해야 하느냐고 말입니다.[36]

이처럼 성경적 기준에서 정치인을 분별하려면 정당의 당헌당규의 내용과 그 방향성이 성경적인지 반성경적인지를 살펴야 하는 동시에 나무만 보는 것이 아닌 전체 숲을 볼 수 있는 안목을 키워야 합니다. 수면 밑의 빙산의 크기를 가늠할 수 있는 (최소한의) 지적 훈련이 되어야 한다는 말입니다. 특정 법안을 발의하거나 정치인이 정치 활동을 하는 것, 하물며 주요 자리에서 읽어 내려가는 정치인의 연설문 내용 또한 이 거대한 문맥과 흐름 속에 있기 때문입니다.

그렇다면 성경적 관점에서 현대 정치의 흐름을 어떻게 알 수 있을까요? 어디에서부터 시작해야 할까요? 드디어 바로 이 지점에서 우리는 우파와 좌파의 성경적 구분법에 대해 배워볼 겁니다. '기독교인은 절대로 좌파가 될 수 없어'라는 말이 무슨 뜻인지 이제야 제대로 이해할 수 있는 절호의 기회를 마주한 겁니다.

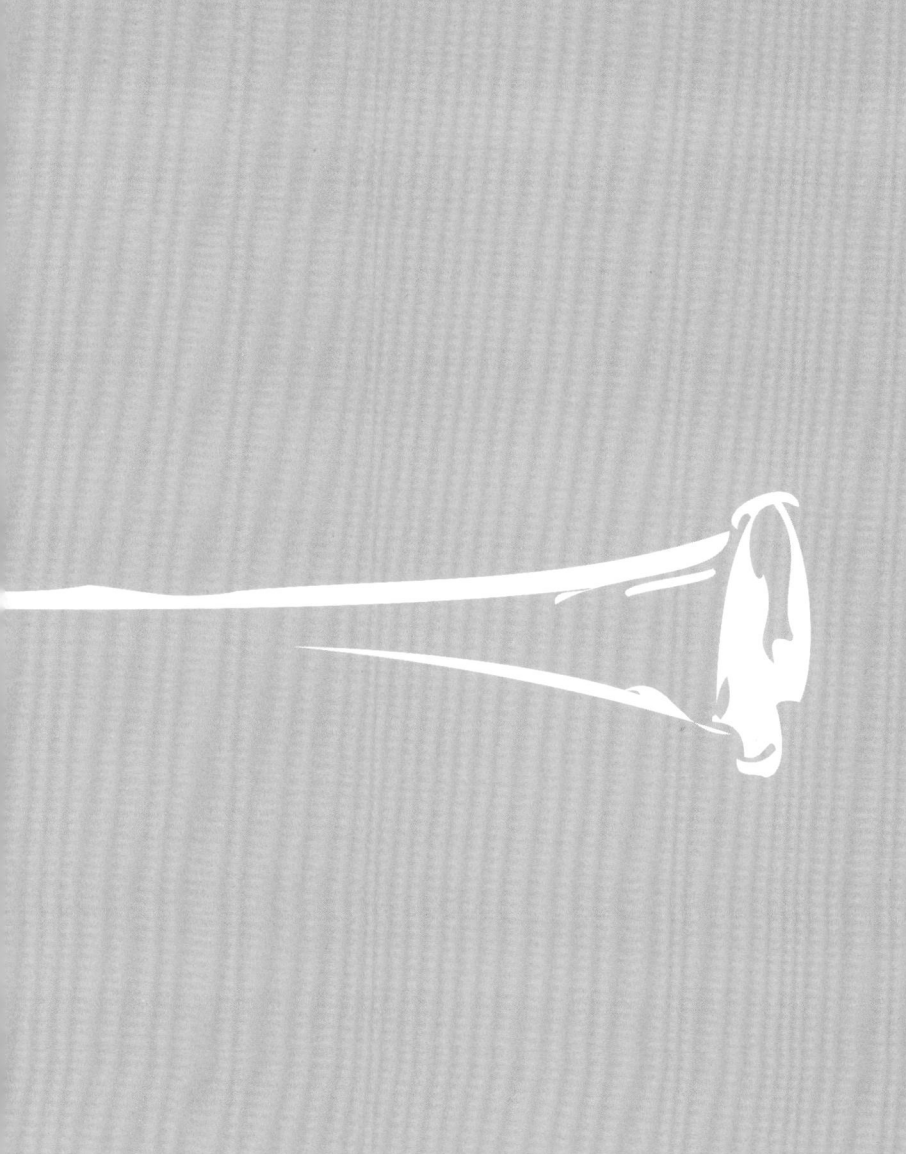

4장. 도대체 좌파가 뭐고 우파가 뭐야?

이번 챕터에서 좌파 우파의 기원과 개념 그리고 '기독교인은 절대로 좌파가 될 수 없다'라는 말이 무슨 뜻인지를 알아보기 전, 이전 챕터 내용을 짧게 리마인드 해보겠습니다. 우리는 어느 정치인이 하나님의 옳은편에 서 있느냐, 하나님과 대적하는 편에 서 있느냐를 분별하는 방식에 대해 알아봤습니다. 정치인. 특히 국회의원은 한 명 한 명이 법률안 발의권을 갖는 독립적인 입법기관인 만큼 그들의 '공적인 활동'을 봐야 하며 그들은 그들이 속한 정당의 당헌당규에 구속되어 있기에 궁극적으로는 정당 차원에서 제정하려는 법안이 성경적인지 반성경적인지를 보는 것이 중요하다고 했습니다. 그리고 대표적으로 차별금지법을 예시로 이 법이 제정될 시 영적·사회적 차원의 해악에 대해 알아봤습니다.

그럼 이제 좌파 우파에 대해 알아볼 텐데요. 일반적으로 한국에서 좌파는 더불어민주당(약칭, 민주당)과 민주당에 투표하는 사람들, 우파는 국민의힘과 이 정당에 투표하는 사람들로 이해하실 겁니다. 또 좌파는 '진보', 우파는 '보수'라고 표현하기도 합니다. 이것이 보통 사람들이 가장 보편적으로 쓰는 분류 방법이자 용어입니다. 하지만 사실 전문적인 정치 용어 분류법에 따르면 정확하지 않은 표현이지요. 사실은 좌파 우파보다 '좌익'과 '우익'으로 표현하는 게 정확한 표현입니다. 좌파·우파는 각 정당 내 파벌을 호칭할 때도 사용되는 단어이기 때문에 민주당 내에서도 사안에 따른 입장 차에 따라 좌파와 우파가 있을 수 있고 그건 국민의힘도 마찬가지입니다.[37] '파'(派, faction) 보다 '익'(翼, wing 또는 forces)이 더 큰 개념이기 때문에 보다 정확한 표현은 좌익과 우익입니다(그러나 편의상 이 책에서는 '파'로 통일해 사용하도록 하겠습니다).

그럼 이 좌파와 우파의 구분은 어디에서부터 생긴 것일까요? 이미 많은 분들이 알고 있듯, 프랑스혁명 당시 평민들이 일방적으로 선포한 '국민의회'라는 회의에 분노한 왕이 회의장을 폐쇄하자 대다수 평민들은 그에 굴하지 않고 1789년 6월 20일 회의 장소를 테니스코트로 옮겨 회의를 지속하게 됩니다. 그때 기존 정치체제의 점진적인 변화를 추구한 사람들은 오른쪽으로 안내를 받아 앉았고 반면 기존 정치체제의 급격한 변화를 추구한 사람들은 왼쪽에 앉아 그것을 기원으로 오른쪽에 앉은 사람을 우파, 왼쪽에 앉은 사람을 좌파라 불렀습니다. 좌파 우파는 사실 특정 정치집단에 대한 환유적 표현이었던 겁니다. 이후 19세기 후반부터 21세기 오늘에 이르기까지 좌파는 급진적이고 과격한 사회 변화를 이루려는 정치세력을, 우파는 온건하고 점진적인 개혁을 이루려는 정치세력을 지칭하는 단어가 되었습니다.

정치를 전문적으로 공부한 사람들부터 일반 시민들까지 위의 내용을 상식으로 알고 계신 분들이 많습니다. 그러나 우리는 보다 실체적인 진실과 영적 진실에 다가가야 합니다. 이런 분류법으로 좌파 우파의 구분과 개념 정리가 끝나버리면 굳이 이 책을 읽기보다 챗GPT나 위키피디아를 검색해서 내용을 훑어만 봐도 될 것입니다. 그러나 저는 여러분에게 기독교 세계관에 의거하여 더 본질적인 구분법을 이야기하려 합니다. 이렇게 용어 정립이 되어야만 오늘날 현실 세계 속에서도 보다 성경적인 분별에 따른 '하나님의 옳은편'에서 투표를 할 수 있기 때문입니다.

우선 프랑스혁명의 실체를 알아야 합니다. 공교육부터 매스미디어까지 프랑스혁명에 '대(大)'자를 붙여 프랑스대혁명이라 미화하기 바쁜 이 프랑스혁명은 "군주의 폭정으로부터 해방되어 시민의 자유와 존엄을 추구했다는"[38] 점에서 인류 역사의 진일보에 이바

지한 면이 있습니다. 하지만 그렇다고 프랑스혁명의 동인이라 할 수 있는 사상의 방향성과 폭력적 광기, 그에 따른 반성경적 영향력까지 미화시킬 수는 없는 노릇입니다. 아래 내용은 조평세 박사님의 칼럼 중 해당 내용을 발췌한 것입니다. 내용이 조금 길어도 집중력을 잃지 말고 읽어보시기 바랍니다.

프랑스 혁명은 최근 한국사회에서 영화 레 미제라블(Les Misérables)과 같은 작품들을 통해 상당부분 '자유민주혁명'으로 미화되어 잘못 인식되어져 있다. 하지만 그 과정은 사실 혁명정부의 선동정치로 인해 피비린내가 진동하는 군중의 광기와 살육의 현장이었다. 그리고 무엇보다 인간의 이성을 절대적이고 완벽한 것으로 추앙하고 프랑스 사회에서 기독교를 완전히 청산하려고 시도했던 자코뱅 좌익세력의 반(反)기독교적 혁명이었다. 왕정 및 귀족과 결탁해 부패의 온상이 되었던 로마카톨릭 교회와 성직자들에 대한 반감이 프랑스 시민들의 분노로 표출된 것도 사실이지만 프랑스혁명의 '비기독교화'(de-Christianization) 정책은 단순한 반부패 운동을 한참 넘어선 기독교 말살 수순이었다.

프랑스혁명의 지도자들은 달력에서 기독교 명절들을 지우고 혁명의 날과 자유, 이성 및 '최고존재'의 축전일을 제정했다. 그리고 더 나아가 프랑스 전역의 교회를 국유화하고 인간이성을 숭배하는 신전(Temple of Reason)으로 둔갑시켰다. 급기야 카톨릭을 대체

하는 '이성숭배'(Cult of Reason)를 공식 국교로 채택하기까지 했다. 아이러니하게도 무신론이 또다른 '종교'가 되어버린 것이었다. 혁명가들은 곧이어 이성숭배를 '최고존재의 제전'(Cult of the Supreme Being)으로 다시 탈바꿈했다. 무신론(Atheism)이 이신론(Deism)으로 순화된 듯했지만 사실 신의 존재를 인간이성과 철학에 가둬버려 비인격적이고 추상적인 아리스토텔레스의 '부동의 동자'(Unmoved Mover)를 형상화해 숭배하도록 한 것이다. 그리고 공포정치의 독재자 로베스피에르는 이 제전의 대제사장으로 군림했다.

그렇게 로베스피에르는 그가 자주 인용했던 "신이 존재하지 않는다면 신을 발명할 필요가 있다"는 볼테르의 말을 실제로 프랑스 혁명을 통해 구현하고자 했다. 인간보다 상위에 있는 그 어떤 신적 존재를 부정하고 그 절대적 왕좌에 인간이성을 올려놓아 새로운 사람중심의 종교를 '발명'한 것이다. 같은 시기 페인도 영국의 에드먼드 버크와의 논쟁을 거치며 인간이성에 대한 절대적 믿음을 보다 더 구체적으로 이론화 한 '이성의 시대'(Age of Reason)라는 마지막 책을 내놓았다. 페인은 이 책에서 신은 존재하지만 인간과 상관하지 않는다는 이신론적 사고와 '신앙의 이성화'를 바탕으로 한 정치철학을 주장하기에 이른다. 이것이 훗날 니체가 "신은 죽었고 우리가 그를 죽였다"고 말하게 된 배경이기도 하다.

— 조평세 박사 칼럼 "**1776의 자유와 1789의 자유**" 중

위 내용이 조금 어렵게 느껴질 수도 있으니 제가 핵심을 정리하자면 사실 프랑스혁명은 '하나님' 자리에 인간의 '이성(reason)'을 올려둔 인본주의 혁명이었습니다. 프랑스혁명 당시 대표 정치 구호는 "하나님도 없고 주인도 없다(Nec Deus nec dominus)"였습니다. 쉽게 말해 프랑스혁명은 하나님과 성경적 권위, 성경적 가치 체제를 붕괴시키고 그것을 '혁명의 성공'이라 여겼습니다. 즉 인간의 이성적 능력에 대한 낙관적 맹신과 하나님을 대적하는 무신론·유물론을 제도권 차원에서 '공식적'으로 도입했다는 말입니다. 물론 프랑스혁명 초기에는 종교적 관용의 원칙을 제시하고 그동안 핍박받았던 프랑스 내 개신교인들에게 부분적인 자유를 가져다준 사례도 있으나[39] 하나님을 깨끗이 잘라버린 광풍의 시대에 종교인들의 자유는 그리 오래 가지 못했습니다.

1789년 프랑스혁명의 실체를 바로 알아야 2024년 파리올림픽 개막식 때 자행된 반기독교적 퍼포먼스를 이해할 수 있습니다.[40] 2024 파리올림픽 개막식에서 최후의 만찬을 '패러디'한다고 하며 기괴한 장식과 분장을 한 프랑스 영화배우와 곁에 선 드랙퀸(Drag Queen, 주로 남성으로 태어난 사람이 과장되고 양식화된 여성적인 복장, 화장, 헤어스타일 등을 통해 여성성을 표현하고 연기하는 엔터테이너를 의미)과 트랜스젠더가 하나님과 기독교를 공개적으로 모독했습니다. 올림픽 개막식은 특히 개최국의 국가 정체성과 역사적 자랑거리를 전 세계인들에게 선보일 수 있는 흔치 않은 기회입니다. 그런데 프랑스라는 국가는 전 세계가 바라보는 그 기회의 무대에서 온갖 반성경적인 퍼포먼스를 일삼았습니다. 그러나 1789년 반성경적 프랑스혁명을 생각한다면 그것은 오늘날 프랑스의 당연한 귀결입니다.

여기서 우리가 주목할 것은 현시점 가장 심각한 기독교 신성모독 퍼포먼스 핵심이 '젠더 사상'이라는 점입니다. '젠더 사상'은 정욕과 음란의 알약과도 같습니다. 하나님의 창조질서를 근본부터 파괴하려는 21세기 사단의 정(chisel)이 바로 이 '젠더 사상'입니다. '젠더 성혁명'은 이 '젠더 사상'을 토대 삼아 우리 사회 전반의(정치, 문화, 교육 등) 성경적 가치 체계를 무너뜨리려는 큰 흐름을 말합니다. 안타깝게도 우리나라 역시 차별금지법은 통과되지 않았지만 이미 국내 교육계와 대중문화계에도 심각하게 침투된 사상입니다. 목회데이터연구소 '청소년의 라이프 스타일' 설문조사에 따르면 2024년 우리나라 청소년 52%가 "동성애를 인정해야 한다"라고 답했다고 합니다.[41] 이처럼 이미 다음세대를 중심으로 반성경적 젠더 사상이 독버섯처럼 빠르게 퍼지고 있습니다.

이게 프랑스혁명의 실체입니다. 물론 창세기 시절부터 하나님께 반역한 죄인들은 많았습니다. 그러나 프랑스혁명이 중요한 이유는 '하나님이 없다', '성경이라는 절대진리는 절대로 없다'라는 무신론 철학을 기초 토대로 공적인 사회 시스템을 만들었다는 데 있습니다. 구조와 체제가 중요한 이유입니다. 이미 우리나라조차 무신론과 유물론은 완전한 주류 사상으로 자리 잡았습니다. 공적인 뉴스나 공교육 교과서, 전공서적, 청문회, 공개토론회, 하물며 예능 콘텐츠에서까지 무신론을 전제합니다. 대다수 국민들이 교회 밖, 세상 속에서 기독교와 하나님 이야기를 하면 비상식적·반지성적으로 생각합니다. 하물며 같은 기독교인들끼리도 자신의 생활 터전에서 신앙을 철저히 숨깁니다. 그게 '매너'있다고 생각하거나 당연하다고 여깁니다. 우리가 인지하든 못하든 프랑스혁명의 영향 아래 있는 겁니다.

그러나 프랑스혁명과 전혀 다른 혁명이 있습니다. 바로 1776년 미국의 독립혁명입니다. 프랑스혁명이 하나님을 없애 버린 인본주의 혁명이었다면 반대로 미국의 독립혁명은 하나님을 공적 사회의 토대로 세팅하려 했던 성경적 혁명이었습니다. 미국의 독립선언서에 담긴 그 위대한 선언서 도입부를 함께 읽어 봅시다. 아래 내용을 처음 보는 분들은 조금 어렵게 느껴질 수 있지만 우선 한 나라의 정치적 선언에서 "하나님"이 등장하고 그 '성경적 원리와 원칙' 위에 논리가 전개되는 것을 주목하면 됩니다.

우리는 다음의 진리들을 자명한 것으로 여긴다. 곧 모든 사람은 평등하게 창조되었고, 그들은 창조주로부터 일정의 불가침의 권리를 부여받았는데, 그 권리 중에는 생명과 자유와 행복의 추구가 있다. 이러한 권리들을 담보하기 위하여 인간 중에 정부가 수립되었으며, 그 정부의 정당한 권력은 피통치자의 동의로부터 나온다.[42]

이처럼 미국의 독립혁명은 창조질서(Created Order)와 천부인권(God-given Natural Rights)을 국가의 토대로 놓은 성경적 혁명이었습니다. 미국의 독립혁명이야말로 '대혁명'이지요. 이처럼 미국은 기독교를 토대로 사회 시스템을 구축했기 때문에 선출직 공무원·정치인 개개인이 교회를 다니든, 안 다니든 '기독교의 하나님'과 '66권 성경'에 손을 얹고 선서를 하는 것입니다. 또한 미국 의회 개회 시에도 기도로 시작합니다. 미국 하원 의사당(House Chamber) 본회의장 갤러리 출입문 위쪽 벽면에는 미국 법의 기초가 되는 원칙을 확립하는 데 기여한 역사적 인물들을 묘사하는 23개의 대리석 부조 초상화가 있습니다. 22개 초상화(함무라비, 솔론, 리쿠르고스, 후고 그로티우스, 윌리엄 블랙스톤 등)가 있는데 이 초상화들은 모두 고개를 돌려 한곳을 쳐다보고 있습니다. 바로 북쪽 벽면 정중앙에 단독 정면으로 설치되어 있는 모세의 초상화이지요. 모세의 초상만 정면을 응시하고 있습니다. 미국의 사회 시스템의 영적·정치적 구조가 어떠한지를 단적으로 알 수 있는 장면입니다.

미국이라는 나라의 근본 정체성이라 할 수 있는 미국헌법은 어떨까요? 놀랍게도 미국의 헌법의 기초가 성경 신명기 말씀이라고 하면 믿어지시나요? 국내 최고의 미국 사상 전문가 조평세 박사님의 글을 인용합니다. 매우 놀랍고 중요한 내용이니 발췌문이 길어도 집중해서 잘 읽어봅시다.

코네티컷 주의 별칭은 'Constitution State(헌법 주)'이다. 왜일까?

'17세기 가장 위대한 미국의 설교가'라고 불린 토마스 후커 목사는 영국에서 망명해 미국 매사추세츠에 정착한 초기 청교도 지도자들 중에서도 매우 개혁적인 사상을 가지고 있었다. 그는 당시 더 많은 사람들에게 자유와 선거권을 줘야 한다고 믿었고 이런 '위험한' 생각 때문에 동료 청교도 지도자들로부터마저 배척받게 된다. 후커 목사는 새로운 정착촌을 건설하기 위해 1636년 100여 명 정도 되는 자신의 교인들을 데리고 하트퍼드(Hartford)로 이주하고 그곳에서 코네티컷 식민주를 개척한다.

2년 후인 1638년 그는 코네티컷의 회중에게 훗날 '식민시대 뉴잉글랜드에서 가장 중요한 설교'라고 불리게 될 말씀을 전한다. 본문은 신명기 1장이었다. 신명기는 모세가 40년 광야생활을 마무리하며 다시 한번 광야의 교훈을 강조하는 고별 설교다. 1장에서 모세가 어떻게 '하늘의 별같이 많은(신 1:10)' 이스라엘 민족을 효과적으로 다스릴 수 있었는지 다음과 같은 통치제도를 언급한다.

"그때 내가 너희에게 말하여 이르기를 나는 홀로 너희의 짐을 질 수 없도다 … 너희의 각 지파에서 지혜와 지식이 있는 인정받는 자들을 택하라 내가 그들을 세워 너희 수령을 삼으리라 한즉 너희가 내게 대답하여 이르기를 당신의 말씀대로 하는 것이 좋다 하기에 내가 너희 지파의 수령으로 지혜가 있고 인정받는 자들을 취하여 너희의 수령을 삼되 곧 각 지파를 따라 천부장과 백부장과 오십부장과 십부장과 조장을 삼고(신 1:9~15)."

후커 목사는 광야에서 이스라엘 민족이 그랬던 것처럼 코네티컷의 새로운 개척지에서 '지혜와 지식이 있는 인정받는 자들을 택하여 세워 그들로 수령을 삼아야 함'을 설파한 것이다. 그의 설교는 결국 수개월 후 자유로운 시민이 대표자를 선택해 제한된 권력으로 공동체를 다스리게 하는 기본법으로 열매 맺는다. 이것이 바로 세계 최초의 성문헌법 혹은 그 원형(prototype)이라고 불리는 '코네티컷 근본 질서(Fundamental Orders of Connecticut)'이다. 후커 목사가 '미국 민주주의의 아버지'라고도 불리는 이유다.

추후 미국의 다른 주들도 이 문헌을 참고해 각각의 헌법을 만들었고 150년 후 미국의 헌법도 이 문서를 기초로 구상한 것이다. 코네티컷이 'Constitution State'로 불리는 이유다. 자유 민주, 헌정 공화체제의 원조는 역시 모세의 신명기 첫 장에 있었던 것이다. 그리고 그 모태는 다름 아닌 토마스 후커 목사가 이끄는 회중, 즉 '교회'였다.[43]

- 조평세 박사 칼럼 "모세의 광야에서 시작된 대의제 정치" 중

너무도 놀랍습니다. 기독교인 입장에서 미국이라는 나라가 얼마나 부러운지요. 이처럼 미국의 헌법, 미국식 자유민주주의는 하나님과 성경을 그 사회의 대전제로 놓고, 성경에서 말하는 신론, 인간론, 우주론에 의거한 '성경적·역사적 아이디어'라고 할 수 있습니다. 전 세계 최초로 왕이 없는 나라, 아이디어로 만들어진 나라가 미국인 것이지요. 물론 미국도 완벽한 나라가 아닙니다. 미국 내에서도 치열한 영적 전쟁이 벌어지고 있는 중이지요. 오바마 정권(민주당)에서 2015년 당시 미국 연방 대법원의 동성 결혼 합법화 판결을 기념하기 위해 백악관에 육지개 조명을 쏜 것이 대표적인 예입니다.[44] 그로부터 9년 뒤 2024년 바이든 정권에서는 남자와 여자, 양성만 존재한다는 생물학적 성 개념을 뒤집고 반성경적 젠더 이론을 따라 미국인 여권 성별 표기에 남자와 여자 이외의 '제3의 성'을 X로 표기할 수 있도록 성명을 발표하기도 했습니다.[45] 특히 바이든 정부(민주당)는 예수 그리스도의 부활을 기리는 거룩한 부활절을 '트랜스젠더의 날'이라 포고하여 기독교계의 큰 반발을 사기도 했습니다.[46]

그러나 2025년 곧바로 트럼프가 재선에 성공한 뒤 공식적으로 미국은 남자와 여자 두 개의 성별만 인정한다는 성명을 내는 동시에 여성 스포츠에서 생물학적 남자를 배제하고, 미국 군대에서 1만 4천여 명의 트랜스젠더 군인을 추방하는 강경 개혁모드에 돌입했습니다.[47] 이 모두 미국 내에서 성경적 가치를 파괴하려는 세력과 성경적 가치를 회복하려는 세력이 벌이는 치열한 영적 전쟁인 것입니다. (흥미롭게도 이 영적 전쟁에서도 가장 표면적·상징적으로 나타나는 것이 '젠더'입니다) 이처럼 미국은 성경적 기초와 그 정신을 지키려는 시민들이 있으니 반성경적인 정치·문화 흐름을 막아낼 수 있는 여력이 상당합니다. 미국 교회의 역할은 두말할 나위 없고요.

자, 그럼 우리가 지금까지 왜 이런 이야기를 공부한 것일까요? 좌파 우파가 무엇인지만 알려주면 되는 것이지 무슨 프랑스혁명, 미국독립대혁명까지 알아야 하는 것이냐는 거죠. 그런데 이게 가장 중요합니다. 바로 이 지점이 좌파와 우파의 분기점이 되기 때문입니다. 프랑스혁명은 곧 그 사회에서 하나님과 성경적 가치관을 제거한 무신론 혁명입니다. 즉 이들은 자신들의 인본주의 혁명을 통해 '기독교로부터의 해방', '성경을 떠날 수 있는 자유'를 획득했다고 하는 겁니다. "신이 없다"라는 첫 단추, '성경을 떠나야만 진짜 자유'. 이것이 좌파의 기원입니다. 단지 특정 정당을 지지한다는 좁은 의미가 아니라 성경을 절대기준으로 인정하지 않는 정치사상, 철학, 이론, 이념, 정책, 문화가 좌파, '좌파적 흐름'인 것입니다.

그렇다면 우파는 무엇일까요? "태초에 하나님이 천지를 창조하셨다"(창 1:1, 새번역)를 한 국가의 또는 사상의 기초 토대로 삼는 것입니다. 성삼위하나님을 인정하며 그분을 높여 드리는 것입니다. 이들은 '기독교를 통한 해방', '진리 안에서만 참 자유(요 8:32)'를 이야기합니다. 이렇듯 첫 단추부터 창조주 하나님을 전제하니 인간의 위치와 일생의 본분 등 갖가지 물음에 대한 답은 성경 안에서, 성경 원리 안에서 발견되고 계발됩니다. 이것이 우파입니다. 마찬가지로 특정 정당을 지지한다는 좁은 의미가 아니라 성경을 절대기준으로 인정하는 범주 안에서의 정치사상, 철학, 이론, 이념, 정책, 문화가 우파, '우파적 흐름'인 것입니다.

프랑스혁명의 '하나님을 떠날 자유'와 미국독립혁명의 '하나님이 주신 자유'. 이 첫 시작부터 완전히 다른 두 개의 수원지에서부터 근대 정치철학적인 좌파와 우파가 나눠지게 되는 것입니다. 세 가지 예를 들어보겠습니다.

첫째, 인간은 어떤 존재일까요? 인간 사회에 하나님을 없애버린 것이 '계몽'이라 떠들던 좌파 계몽주의자들은 고작 머리를 써서 밝혀낸(?) 사실이 인간은 원숭이의 후예라는 겁니다. 또한 이들은 영적 세계 또한 부정하기 때문에 인간은 그저 물질이자 '기계' 일뿐이라고 답합니다. 영혼이니 정신이니 하는 것도 없다는 겁니다. 인간의 의식, 즉 인격이란 아직 과학적으로 명쾌하게 설명하지 못하지만(그러나 이들은 곧 머지않아 과학적으로 이 세상 모든 비밀을 밝혀낼 수 있다 확신합니다) 뇌의 물리적·화학적 상호 관계일 뿐이라며 그 의미를 파괴시킵니다. 영적 원리를 철저히 물질로 환원해 버리는 겁니다.[48] 그러나 하나님의 창조질서를 인정하는 우파는 인간이란 하나님의 형상대로 창조되어 하나님 아버지로부터 부여받은 고유의 권리가 있는 존귀한 존재라(창 1:27) 선포합니다. 인간의 일생은 빵만으로 사는 것이 아니라 영원한 하나님의 말씀으로 사는 것이라며 눈에 안 보이(지만 실재하)는 영원한 가치에 의미의 갈고리를 고정시킵니다(마 4:4). 이 두 해석은 곧 '인간의 생명'을 정의하는 것에도 연쇄적인 영향을 미쳐 좌파에서는 사회구성원들이 사회적 합의를 하고 새로운 법을 제정한다면 '인간의 생명'도 재정의할 수 있다고 이야기합니다. 대표적으로 22주 또는 그 이상의 숫자를 정해놓고 그 이전에는 '인간의 생명'이 아니기 때문에 태아를 죽이는 게 인권이라고 이야기하는 식입니다.[49] 반면 우파는 한 생명이 천하보다 귀하다는 성경적 가르침에 의거해(마 16:26) 태아의 생명권을 지키는데 앞장섭니다.[50]

둘째, 행복이란 무엇일까요? 프랑스혁명의 정신적 지주 중 한 명이었던 볼테르가 행복은 '쾌락'이라고 이야기합니다. 현대 좌파의 흐름도 별 반 다를 바 없이 자신의 (주관적·상대주의적) 기호가 곧 행복이라고 이야기합니다. '네가 하고 싶은 대로 해', '네가 기분 좋은 게 행복이야'라는 식입니다. 그러나 우파가 말하는 행복은 다릅니다. 특히 미국의 국부들이 생각한 '우파의 행복'은 하나님의 명령을 따라 사는 삶. 즉 한 인간이 (때로 불쾌하든, 불편하든, 이해가 안 되든) 도덕적 목적을 이루는 삶이 행복이라고 이야기합니다. 즉 좌파는 행복의 기준이 자신의 주관적인 느낌이라 한다면 우파는 행복의 기준이 영원히 변하지 않는 성경 말씀이 되는 겁니다. 논크리스천이건 타 종교인이건 크리스천이건 행복으로 가는 길이 시대와 문화, 세대를 초월해 객관적으로 정해져 있다는 겁니다.[51] 하나님께 순종, 예수 그리스도의 십자가 삶, 거룩한 삶으로 말입니다. 하여 좌파식 행복론은 궁극적으로 한 사회와 개인의 삶을 정욕적 쾌락주의로 빠지게 하며 반대로 우파식 행복론은 한 사회와 개인을 성경적 절제주의의 삶으로 안내합니다. 이에 따라 다음세대 성교육도 좌파식 방임적 성교육 대 우파식 절제적 성교육으로 갈리고요.[52]

셋째, 결혼이란 무엇일까요? 성경은 '결혼'이라는 제도는 하나님이 인간에게 선물하신 '신적인 제도'라 선언합니다. 즉 결혼의 정의는 한 남자와 한 여자의 결합으로 불변하다는 겁니다. 그러나 하나님과 성경을 인정하지 않는 좌파에서는 결혼 제도도 인간들이 만들었다고 이야기합니다. 그러니 '결혼'의 사전적 정의도 사람들의 사회적 합의만 있다면 자신들이 얼마든지 재정의할 수 있다고 생각하지요. 하여 그들은 이제 동성연애자들의 동거도 결혼이고, 자신들도 동일한 부부라고 말하며 이 '다양한 가정'의 모습을 인정하는 게 인권의 함양이자 사회적 진보라고 이야기합니다.[53] 반면 우파는 한 남자와 한 여자의 공적인 결합만이 결혼이라는 성경적 정의에 동의하며 그 정의를 지키려 합니다.[54] 좌파 문화가 그 사회에 주류가 되느냐 아니면 우파 문화가 주류가 되느냐에 따라 결혼과 성관계, 가정과 가정문화를 가르치는 교과서 내용이 완전히 달라지게 되는 겁니다. 참고로 지금은 좌파의 급진적 젠더 사상이 국내 교육계 문화계 할 것 없이 사회에 빠르게 퍼져나가고 있습니다.[55]

이처럼 그 사회의 체제가 절대창조주 하나님이 존재하느냐 아니느냐에 대한 첫 단추를 어디에 끼우느냐에 따라 '모든 것'이 달라집니다. 한 마디로 인본주의 대 신본주의의 대결인 겁니다. 그러나 대부분의 기독교인들이 이 사상적 뿌리와 그 여파를 알지 못한 채 하나님을 대적하는 이념과 사상이 퍼져나가는 것을 방관 또는 동조하고 있습니다. 프랑스혁명과 미국독립혁명의 수원지(水源地, 물이 흘러나오는 근원이 되는 곳)를 봐야 합니다. 이것이 가장 정확한 좌파 우파 분류법입니다. 이 분류법에 따르면 미국은 '우파의 나라'라고 할 수 있고요. 여기서 유의할 점은 미국에 살고 있는 미국인 개개인이 전부 기독교인이라는 말이 아닙니다. 미국이라는 나라가 성경적 가치관이라는 토대 위에 세워진 나라라는 겁니다. 물론 미국도 무신론에 의거한 반성경적 문화가 창궐합니다. 할리우드 같은 경우 반성경적 문화 콘텐츠의 글로벌 생산기지 역할을 하고 미국의 엘리트대학은 좌파사상의 선교센터 노릇을 한지 오래입니다. 최근 들어 미국 민주당과 민주당 출신 대통령은 아주 노골적으로 미국의 헌정체제를 근본부터 부정하는 듯한 악법과 정책을 밀어붙이기도 하고 말입니다. 그러나 특히 미국 내 복음주의자들의 국가를 향한 '거룩한 투쟁' 덕분에 미국은 여전히 전 세계 거의 유일한 기독교적 국가의 모습을 잘 지켜내고 있습니다.[56] 최근 트럼프 미국 대통령이 예수님 고난 주간에 "우리는 종교의 자유를 수호하고 생명의 존엄성을 지키며 공공의 영역 속에서 하나님을 보호하는 일에 결코 흔들리지 않을 것"이라고. "이번 주 우리는 사랑하는 조국에 성령이 부어지기를 기도한다"라고 이야기한 것은[57] 미국이라는 나라의 정체성, '우파의 정체성'을 잘 보여주는 단적인 장면입니다.

정리하겠습니다. '좌파는 평등을 중시하고 우파는 자유를 중시한다', '좌파는 분배를 중시하고 우파는 성장을 중시한다' 등의 수준으로 좌파 우파를 이해하고 있다면 정치 뉴스 이면의 영적 기류를 분별하지도 못할뿐더러 하나님의 창조질서와 기독교 가치를 말살하려는 사단의 계략에 (본인이 인지하든 못하든) 불의의 도구로 쓰임 받을 가능성이 큽니다. 그러나 기독교인은 본질을 봐야 합니다. 영적인 근본 원리부터 알아야 합니다. 좌파의 수원지는 무신론이며 인본주의입니다. 반면에 우파의 수원지는 기독교이며 신본주의입니다. 이런 의미에서 기독교인은 '절대로' 좌파가 될 수 없다는 말을 하는 겁니다. 하나님의 옳은편이 즉 오른편인 것입니다. (이 책에서 말하는 좌파와 우파의 정의를 잊지 마십시오)

여기에서 이런 의문이 들 겁니다. 근대 좌파와 우파의 구분은 잘 알았는데 그게 현 대한민국과 무슨 상관이느냐고 말입니다. 혹자는 '대한민국 오른쪽 정당이 네가 말한 우파 맞느냐고' 따져 물을 수도 있겠고요. 자, 이제 드디어 이 '우파의 정신'이 대한민국에 어떻게 스며들어 있는지 하나님의 놀라운 섭리를 만나게 될 시간입니다. 그동안 몰랐던 대한민국의 진짜 정체성. 대한민국 기독 시민의 진짜 정체성을 깨닫게 될 때 우리는 교회 밖 세상 속이라는 뜻밖의 장소, 뜻밖의 때에 가장 진한 복음의 능력을 체험하게 될 것입니다. 우선 다음 챕터로 넘어가기 전, 한 가지는 확실히 짚고 넘어가겠습니다.

이 책을 읽는 여러분은 **절대로** '좌파'가 아닙니다.

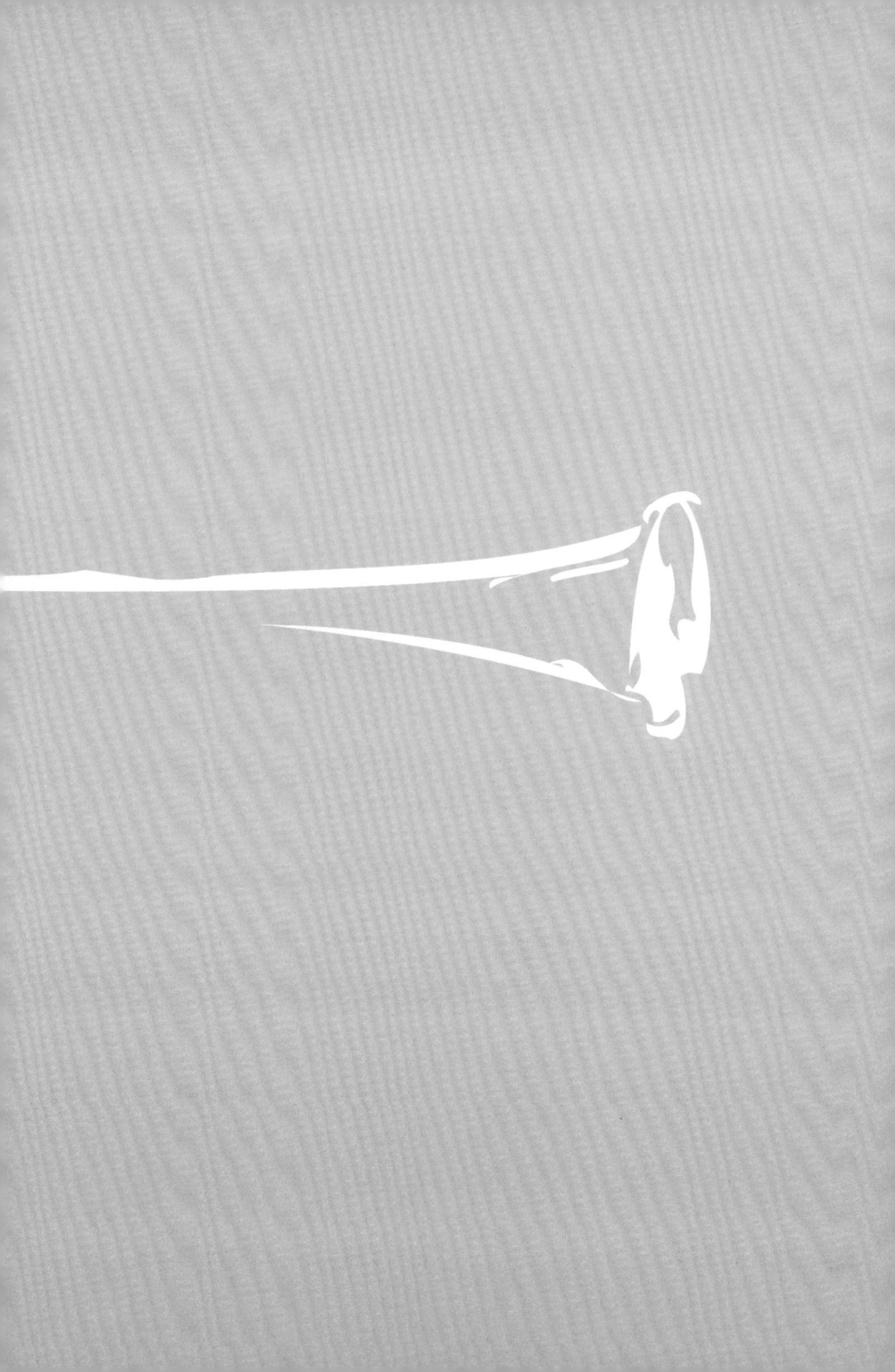

5장. 대한민국이 하나님이 건국한 성경적 나라인 '객관적' 이유

여러분은 어느 한 나라가 망할 수도 있다는 생각을 해본 적이 있나요? 대부분 사람들은 자국의 존립은 너무도 당연한 전제라고 생각해서 특정 이슈에 대해서는 '이러다 나라 망한다', '이 나라 진짜 위기다'라고 할지는 몰라도 정말 진지하게 자국이 당대에 망해 없어질 것이라는 생각은 하기 쉽지 않습니다. 그러나 우리의 피상적인 편견과 달리 한 국가는 꽤 쉽게 망가지고 망합니다. 단 하루 사이에 급작스럽게 나라가 없어지기도 합니다. 제1차 세계대전 이후 600년 역사의 오스만 제국이 사라졌고, 제2차 세계대전 이후 일본의 중국 동북부에 세운 괴뢰국인 만주국 역시 사라졌습니다. 멀리 갈 것도 없이 1910년 8월 29일 한일병합조약이 발효

되면서 500년 역사의 조선 역시 사라졌습니다. 최근에는 1991년 12월 26일에 미국과 패권전쟁을 벌였던 소련이 해체되었습니다. 또는 나라가 꼭 망하지는 않더라도 그에 준하는 위기를 겪고 있거나 곧 위기가 닥칠 나라들도 많습니다. 우리나라도 1997년 외환위기 사태를 겪어 심각한 경제적 어려움을 겪기도 했습니다.

반면에 한 나라가 새로 생기는 것은 우리가 상상하는 것보다 훨씬 힘든 일입니다. 여기서 나라가 생겼다고 하는 건 단순히 특정 건국 세력의 일방적인 선포뿐만 아니라 대내외적으로 '나라다운 나라'로 인식할 수 있는 전반적인 과정의 완결을 말합니다. 예를 들어 영토, 주권, 국민, 정부, 군대의 보유, 국제사회의 승인 등이 그렇습니다. 제2차 세계대전 이후 생긴 수많은 독립국가 또는 재건된 국가 중 위 조건에 부합하는 나라는 전 세계에서 대한민국이 유일합니다. 물론 대한민국이라는 나라가 생긴 지는 77년 '밖에' 되지 않았기 때문에 여전히 나라의 기틀을 잡아가야 하는 측면이 있지만 그럼에도 건국, 산업화, 민주화를 잘 이뤄내 선진국 반열에 올라간 것은 하나님의 기적이라고 밖에 설명할 수 없습니다.

제가 꼭 대한민국 국민이라서가 아니라, 객관적으로 살펴보더라도 대한민국은 상당히 특이하고 특별한 나라입니다. 하나님의 신적인 개입 없이는 설명이 안 되는 기적의 나라입니다. 그러면 이

나라가 어떻게 만들어졌을까요? 정작 한국 사람들도 이 나라가 어떻게 건국되었는지 그 내막과 문맥을 잘 알고 있지 않는 경우가 많습니다. 우리나라는 특히 여전히 극단적인 이념 갈등을 겪고 있기에 자국의 근현대사를 두고 치열한 '역사 전쟁'을 벌이고 있습니다. 건국 과정과 산업화 과정에서는 전혀 사실이 아닌 거짓을 '역사적 사실'로 둔갑시켜 가르치거나 극단적인 이념 편향적으로 역사를 '재해석'해버리기도 합니다.

아마 이 책을 읽는 많은 분들도 자신이 따로 좋은 책을 사서 시간을 투자해 '균형 잡힌 공부'를 하지 않는 이상 그동안 교과서에서 배운 내용, TV에서 보던 내용, 특히 영화에서 각색된 내용을 당연한 사실로 받아들이고 있을 가능성이 큽니다. 한 가지 예로 그 실체가 크게 미화되어 있는 동학농민운동은 대다수 국민들의 고정관념과 달리 흥선대원군의 복권을 추진했으며 농민군의 '폐정개혁안 12조' 중 '노비 제도 혁파', '토지 평균 분작'은 실제 사료에도 없는, 오지영이라는 사람이 쓴 '소설'에만 나온 이야기입니다.[58] 안중근 의사도 본인 아버지와 함께 동학도들을 '도둑놈'이라 칭하면서 토벌대에 가담했다고 합니다. 또한 "[새야 새야 파랑새야는 전봉준이 태어나기 전에도 유행했던 노래로 전봉준과는 아무 상관 없으며 동학도들의 상당수가 이후 강성 친일파(일진회)가 되어 한일합방 운동을 전개했다는 겁"니다.[59] 더욱 놀라운 사실은 이런 내용을 밝혀낸 사람이 전라도 광주 출신 의사라는 점입니다. 많은 것을 시사하지요.

대한민국 역사와 기독교적 인과관계, 상관관계를 이야기하기 전제가 왜 이렇게 사전 설명이 많은지 궁금하실 겁니다. 그만큼 우리가 갖는 편견과 왜곡, 편향이 강하기 때문입니다. 대한민국 건국 대통령 '이승만'이라는 이름만 꺼내도 '아, 또 그런 얘기 하려는 거구나', '극우 기독교인들의 극단적인 확대해석이네' 식의 부정적인 선입견과 감정이 먼저 반응한다는 겁니다. 그래서 하나님의 은혜로 아직도 이 책을 읽고 있는 (저와 정치·신앙적 결이 다른) 기독교인이 있다면 방금 전 전봉준과 동학농민운동의 실체를 깨닫기 전과 후를 생각하며 열린 마음으로 이번 챕터를 읽어주시면 좋겠습니다. 이승만을 일방적으로 추앙하는 내용이 아닌, 이승만을 사용하신 하나님의 관점에서 대한민국을 살펴보려 합니다. 부디 하나님 주시는 자제력과 포용력으로 이번 챕터를 잘 읽는다면 눈에서 비늘 같은 것이 벗겨져(행 9:18) 하나님의 옳은편에서 대한민국 역사와 현재를 읽게 될 줄 믿습니다.

이승만은 어떤 사람일까요?

제가 이 시점에서 건국대통령 이승만을 꺼내든 이유는 '우파의 나라' 미국, 그 미국의 정치철학과 시스템이 한국에 어떻게 이식되었느냐를 이야기하기 위해서입니다. 대한민국을 알려면 좋든 싫든 이승만을 알아야 합니다. '어찌 됐건' 그는 건국대통령입니다. 그럼 그의 본(本) 정체성은 정치인일까요? 노욕 때문에 자국민을 학살한 독재 정치인이요? 아닙니다. 저는 적어도 기독교인이라면 이승만을 우선 '정치인'이 아닌, '예배자'로 바라봐야 한다고 생각합니다. 이게 일 번입니다. 이미 이승만에 대한 왜곡과 거짓을 해독시키는 좋은 책과 영화까지 개봉했으니 제가 그의 일대기나 천재성, 정치적 성과를 세세하게 다루지는 않겠습니다. 다만 복음적 관점에서 '정치인'이기 이전에 한 명의 신실한 기독교인으로의 삶과 그를 사용하신 하나님의 섭리를 살펴보겠습니다. (이승만에 대한 검증된 사실을 일목요연하게 알고 싶다면 김용삼 기자 책 『이승만의 네이션빌딩』을 추천합니다)

어릴 적 그의 꿈은 조선시대 과거에 합격해 유학자로서 조선의 충신이 되길 원했다고 합니다. 그러나 과거 낙방 이후 하나님은 그를 만나주시기 위해 선교사가 세운 배재학당에 입학하게 하십니다. 처음에는 영어를 배울 목적으로 들어갔다고 합니다. 입학 전, 어머니와 '예수교'를 믿지 않겠다는 약속까지 했다는 이야기도 있습니다. 그가 영문으로 작성한 '투옥경위서'에서는 아펜젤러 선교사님을 비롯한 미국 선교사님들을 미국정부가 파견한 앞잡이들

(agents)이라고 간주했다고까지 말하며[60] 기독교에 적대적인 모습을 보여줬습니다. 그러나 하나님의 섭리 아래 그는 영어를 배우려 들어갔던 배재학당에서 '(왕과 그 일가만 주권을 독점하는 왕정 정치가 아닌) 국민 한 명 한 명이 주권을 갖고 있는 나라'와 '성경적 테두리 안에서 제공하는 정치적 자유'에 대해 눈을 뜨게 됩니다. 그리고 점차 기독교에 대한 반감도 조금씩 누그러지게 됩니다. 이승만이 직접 쓴 글을 읽어볼까요?

"내가 배재학당에 가기로 한 것은 영어를 배우려는 큰 야심 때문이었고, 그래서 나는 영어를 열심히 공부했다. 그러나 나는 영어보다 더 귀중한 것을 배웠는데, 그것은 정치적 자유이다. 한국의 대중이 무자비한 정치적 탄압 속에서 살고 있다는 것을 조금이라도 아는 사람이 기독교 국가에 사는 사람들은 법에 의해 그들 통치자들의 독재로부터 보호돼 있다는 말을 처음 들었을 때, 이 젊은이의 마음 속에 어떠한 혁명이 일어났을 것이라는 것을 쉽게 상상할 수 있을 것이다. 나는 혼자서 우리도 그런 정치 이론을 채택할 수만 있다면 짓밟혀 사는 나의 동족에게 크나큰 축복이 되겠구나 하고 생각했다."[61]

그런 그가 배재학당 종업 후, 독립협회 활동과 만민공동회 연설가로 활동했습니다. 그러나 박영효 일파의 고종 폐위 운동에 가담했다는 혐의로 체포되어 감옥에 갇히게 됩니다. 하루아침에 (일종의)

국회의원에서 반역 죄수가 된 그는 "다시 만민공동회를 모아 독립협회를 부흥하자"라며 간성군수 서상대와 독립협회의 동지 최정식과 함께 탈옥을 결심하게 됩니다. 그들은 주시경 선생님에게 권총 두 자루를 부탁해 탈옥을 감행했으나 이승만은 이내 병사에게 잡혀 '사형수'가 되고 맙니다. 그때부터 무시무시한 고문을 받게 되고요.[62] 그를 고문한 왕당파 박달북은 그와 가장 원한에 사무치는 원수였다고 합니다.[63]

긴 널빤지의 칼(역사 죄인에게 씌우던 형틀. 두껍고 긴 널빤지의 한끝에 구멍을 뚫어 죄인의 목을 끼우고 비녀장을 질렀다) 때문에 눕지도 못하고 두 손은 수갑에 채워지고 발은 차고에 끼워져 최종 판결이 나기 전까지 무려 7개월의 극심한 고통 가운데 놓이게 됩니다(이승만은 약 5년 7개월을 감옥에 갇혀 있습니다). 훗날 그가 스스로 말하길 "감옥생활을 하는 동안 가장 괴로웠던 것은 잔인한 고문을 받은 뒤 살인범과 중죄수만 가두는 흙바닥 감방에 갇혀 있을 때"[64]라고 합니다. 그는 바로 이 '고통의 시간'에 차가운 한성감옥에서 예수님을 인격적으로 만나게 됩니다. 그는 하나님의 깊은 섭리 가운데 그리스도인으로 거듭나게 된 것입니다. 이후 그는 함께 수감 생활을 하던 죄수와 간수 40여 명을 기독교로 개종시킵니다.[65] 단순히 무늬만 종교인이 아닌 마치 예수님을 만난 이후의 사도 바울처럼 도저히 복음을 전하지 않고는 참을 수 없는 참된 예배자가 된 것입니다. 예배자 이승만. 이게 이승만의 본 정체성입니다.

국내에 출간된 이승만 관련 책은 두 종류입니다. 하나는 이승만 대통령에 대해 있는 사실관계까지 비틀어 할 수 있는 최대한의 모욕과 비방, 왜곡을 일삼는 책이 그것이고, 다른 하나는 시중에 워낙 잘못된 책들이 많다 보니 학술적인 차원에서부터 대중서적에 이르기까지 '국부 이승만'에 대한 오해를 바로잡는 책들이 그것입니다. 하지만 정말 아쉽게도 그런 책들마저 이승만 대통령의 일대기와 정치업적을 철저히 자연주의적 관점으로 분석합니다. 그를 단순히 훌륭한 '정치인'으로 봅니다. 하지만 기독교인들은 압니다. 그가 예수님을 인격적으로 만난 이후 하나님께 사로잡혀 쓰임 받았다는 것을. 자기부인하며 좁고 협착한 십자가 길을 걷는 순종의 삶을 살았다는 걸 말입니다. 어느 이승만 전문가의 말에 따르면 석방 이후 미국 대학교 입학 관련 인터뷰 당시 꿈이 무엇이느냐 묻는 질문에 이승만은 대통령 또는 정치인이 아닌 '목사님'이라고 대답했다고 합니다. 그의 '기독교 입국론'은 바로 이 예배자 이승만이라는 정체성과 마음 밭에서 나온 성령의 열매였던 것입니다.

> 정치는 항상 교회 본의에서 딸려나는 고로 교회에서 감화한 사람이 많이 생길수록 정치의 근본이 스스로 잡히나니, 이러므로 교회

로써 나라를 변혁하는 것이 제일 순편하고 순리된 바로다. 이것을 생각지 않고 단지 정치만 고치자고 하면 정치를 바로잡을 만한 사람도 없으려니와 설령 우연히 바로 잡는다 할지라도 썩은 백성 위에 맑은 정부가 어찌 일을 할 수 있으리오, 반드시 백성을 감화시켜 새 사람이 되게 한 후에야 정부가 스스로 맑아질지니 이 어찌 교회가 정부의 근원이 아니리요.

- 이승만, 1903년 9월 〈신학월보〉 칼럼 중.

'교회가 정부의 근원'이라 통찰한 사람. 이 사람이 대한민국을 건국한 사람입니다. 하나님은 돌들로도 이스라엘을 구원하실 수 있는 전능자이시기 때문에(눅 3:8) 얼마든지 이승만이 아닌, 김구나 김규식, 신익희 등을 건국대통령으로 세우실 수도 있었던 분이십니다. 그러나 하나님은 이방인을 위한 복음 사역에 엘루마가 아닌(행 13:8) 사도 바울을 택하셨듯, 이스라엘 민족을 해방시키기 위한 지도자로 고라나 다단, 아비람이 아닌(민 16:1-2) 모세를 택하셨듯 하나님은 이승만이라는 예배자를 택하여 대한민국이라는 나라를 세워 예배자들의 자유를 헌법으로 보호하는 예배자들의 나라를 만드셨습니다. (어느 방송국이 비아냥대듯) 대한민국은 편의점 수보다 교회가 많은 나라입니다. 전 세계 선교 2위 국가, 선교사 파송 수 인구 대비로는 전 세계 선교사 파송 1위 국가, 해마다 선교사 1,500명을 배출하는 나라[66]입니다. 전 세계 유일하게 차별금지법으로 상징되는 반성경적 젠더성혁명을 반대하기 위해 110만 명의 예배자들이 거리로 나와 함께 모여 예배하는 나라입니다.[67]

하나님은 사도 바울을 이방인의 선교사로 사용하시기 위해 그를 고대 그리스 철학에도 능통하게 훈련하셨고[68], 가말리엘 랍비의 수제자로 유대교에도 능통하게 훈련하셨습니다.[69] 그런 지적인 토대가 단단하게 구축되었기에 예수님을 인격적으로 만난 뒤 그 누구보다 복음의 복음 됨을 잘 정리하고 강력히 전할 수 있었던 것입니다. 이승만도 마찬가지입니다. 미국은 유럽의 중세 1,000년의 역사라는 데이터를 기반으로 세워졌지만 당시 후 조선은 미국과 비교해 '진리 안에서의 자유'라는 신학적·사상적 토대가 전무했기 때문에 하나님은 이승만에게 '시대의 은사'를 부어주시고 훈련시키셨습니다. 그의 재능이 얼마나 탁월했던지 그는 감옥에서조차 영어로 된 책을 번역하고, 영한사전을 집필했으며, 간수들 몰래 신문 논설도 쓰고, 또 한국 최초로 만국공법(국제법)을 번역하기도 했습니다.[70] 또 서른의 나이로 미국 조지 워싱턴대 전액 장학금을 받고 3학년 입학을 한 뒤 하버드대학교 석사, 프린스턴대학 국제정치학 박사 학위를 받습니다. 미국 최고 명문 대학에서 "미국 최고의 엘리트들도 12년 정도 걸리는 과정을 5년에 마칠 정도로 당대 최고의 지성 중 한 사람으로서 이승만은 서양사(특히 미국사), 정치학, 외교학, 국제법 등 근대 학문을 이수한 국제정치학

자로 변모했"습니다.[71] "덕분에 미국의 고위 관료나 외교관 등 지도층 인사들은 이승만과 대화 과정에서 그의 탁월한 지성에 압도되었으며 미국인보다 미국의 정치와 역사를 더 잘 아는 이승만에게 경의를 표"하기도 했다고 합니다.[72]

하나님이 이승만에게 공부시킨 내용이 무엇이었을까요? '우파의 나라 미국'의 토대가 된 '성경적 자유민주주의'입니다. 이제 연결이 되시나요? 눈에 비늘 같은 것이 벗겨지는 순간입니다. 그렇습니다. 우리나라는 '우파의 나라', '예배자의 자유를 헌법으로 지켜주는 나라', 하나님이 건국하신 나라였던 것입니다. 하나님은 조선인 이승만을 배재학당에 보내실 때부터 한성감옥에서 예배자 이승만으로 거듭나는 장면을. 프린스턴 국제정치학 박사 학위를 받고 졸업사진을 찍는 이승만을 함께 보셨던 겁니다! 동시에 하나님은 대한민국을 건국하기 위하여 한반도의 영적 토양을 바꾸셨습니다. 1907년 평양대부흥부터 시작해 전국에 복음의 바람이 불게 하신 것입니다. 아래 글을 읽어보십시오.

> 통상이 시작 된지 30년이 다 못되어 한국 기독교는 크게 성장하여 전국에 교인 총수가 25만 명에 달했으며, 외국 선교사가 대략 300여 명이며, 예배당은 500곳, 기독교계 학교가 926곳, 의학교가 1곳, 간호학교가 1곳, 병원이 13곳, 진료소는 18곳, 고아원이 1곳, 맹아학

교가 1곳, 나병원이 1곳, 인쇄부가 1곳이며 한국교회에 속한 재산이 100만(미국금전)원에 달하며, 매년 교회 경비가 25만원 가량이다.

이러한 크게 발전된 교회의 모습은 실로 고금에 드문 역사가 아닐 수 없다.

각 나라 교회에서 말하기를 하나님이 한국 백성을 이스라엘 백성 같이 특별히 택하여 동양에 처음 기독교 국가를 만들어 아시아에 기독교 문명을 발전시킬 책임을 맡긴 것이라 한다.

– 이승만 책 『한국교회핍박』 중

위 글 마지막 문단에 대한민국의 정체성과 대한민국을 통해 이루실 하나님의 목적이 숨겨져 있습니다. "하나님이 한국 백성을 이스라엘 백성 같이 특별히 택하여 동양에 처음 기독교 국가를 만들어 아시아에 기독교 문명을 발전시킬 책임을 맡긴 것". 이것이 하나님이 대한민국을 건국한 이유이며 여러분과 제가 대한민국 기독시민으로 태어난 이유입니다. 다시 오실 주님의 길을 예비하는 '마라나타 사명'의 거룩한 퍼즐 조각으로써 대한민국과 우리를 사용하신다고 볼 수 있지 않을까요?

대한민국 건국을 선포하기 위한 제헌국회 개원식에 임시의장으로 선출된 이승만은 감리교 목사님 출신 이윤영 의원에게 기도를 부탁합니다. 아래 내용은 대한민국 첫 번째 국회 회의 속기록에 기록된 기도문입니다. 기도로 시작된 나라 대한민국. 예배자 이승만을 대통령으로 세우신 하나님의 뜻을 깊이 깨달아 우리는 정치 진영 논리가 아닌, 오직 '하나님의 역사의 옳은편'에서 이 대한민국의 시세와 영적 흐름을 바라봐야 할 것입니다. 대한민국의 포문을 연 기도 내용으로 이번 챕터를 마무리합니다.

임시의장 (이승만) : 대한민국 독립민주국 제1차 회의를 여기서 열게 된 것을 우리가 하나님께 감사해야 할 것입니다. 종교 사상 무엇을 가지고 있든지, 누구나 오늘을 당해 가지고 사람의 힘만으로만 된 것이라고 우리가 자랑할 수 없을 것입니다. 그러므로 하나님에게 감사를 드리지 않을 수 없습니다. 나는 먼저 우리가 성심으로 일어나서 하나님에게 우리가 감사를 드릴터인데 이윤영의원 나오셔서 간단한 말씀으로 하나님에게 기도를 올려주시기를 바랍니다.

이윤영 의원 기도: (일동기립)
[제헌국회 기도] 이 우주와 만물을 창조하시고 인간의 역사를 섭리하시는 하나님이시여!

이 민족을 돌아보시고 이 땅에 축복하셔서 감사에 넘치는 오늘이 있게 하심을 주님께 저희들은 성심으로 감사하나이다.

오랜 시일 동안 이 민족의 고통과 호소를 들으시고 정의의 칼을 빼서 일제의 폭력을 굽히시사 세계만방의 양심을 움직이시고, 또 우리민족의 염원을 들으심으로 이 기쁜 역사적 환희의 날을 이 시간에 우리에게 오게 하심은 하나님의 섭리가 세계만방에 정시(呈示: 꺼내 보임)하신 것으로 믿나이다.

하나님이시여! 이로부터 남북이 둘로 갈리어진 이 민족의 어려운 고통과 수치를 신원(伸寃: 원통한 일을 풂)하여 주시고, 우리 민족, 우리 동포가 손을 같이 잡고 웃으며 노래 부르는 날이 우리 앞에 속히 오기를 기도하나이다.

하나님이시여! 원치 아니한 민생의 도탄은 길면 길수록 이 땅에 악마의 권세가 확대되나 하나님의 거룩하신 영광은 이 땅에 오지 않을 수 없을 줄 저희들은 생각하나이다.

원하옵건대, 우리 조선독립과 함께 남북통일을 주시옵고, 또한 민생의 복락과 아울러 세계평화를 허락하여 주시옵소서.

거룩하신 하나님의 뜻에 의지하여 저희들은 성스럽게 택함을 입어 가지고, 글자 그대로 민족의 대표가 되었습니다. 그러하오나 우리들의 책임이 중차대한 것을 저희들은 느끼고 우리 자신이 진실로 무력한 것을 생각할 때 지(智)와 인(仁)과 용(勇)과 모든 덕(德)의 근원이 되시는 하나님 앞에 이러한 요소를 저희들이 간구하나이다.

이제 이로부터 국회가 성립되어서 우리 민족의 염원이 되는, 모든 세계만방이 주시하고 기다리는 우리의 모든 문제가 원만히 해결되며, 또한 이로부터 우리의 완전 자주독립이 이 땅에 오며, 자손만대에 빛나고 푸르른 역사를 저희들이 정하는 이 사업을 완수하게 하여 주시옵소서.

하나님이 이 회의를 사회하시는 의장으로부터 모든 우리 의원 일동에게 건강을 주시옵고, 또한 여기서 양심의 정의와 위신을 가지고 이 업무를 완수하게 도와주시옵기를 기도하나이다.

역사의 첫걸음을 걷는 오늘의 우리의 환희와 감격에 넘치는 이 민족적 기쁨을 다 하나님에게 영광과 감사를 올리나이다.

이 모든 말씀을 주 예수 그리스도 이름을 받들어 기도하나이다. 아멘.[73]

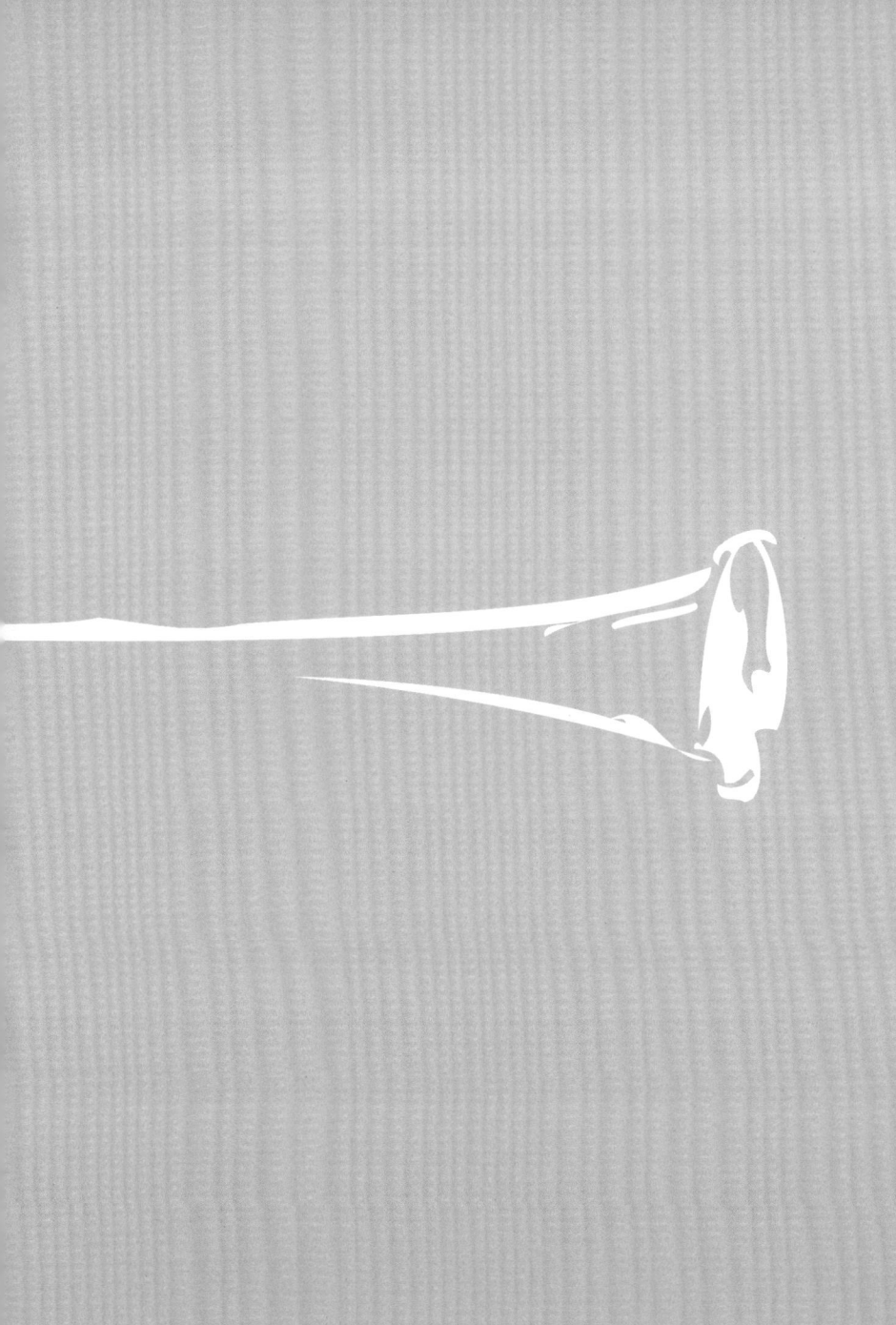

6장. 원수는 사랑하되 적과는 싸워야 한다

1991년 12월 26일, 소련이 붕괴된 이후 전 세계를 강타한 책이 있으니 프랜시스 후쿠야마 교수의 『역사의 종말과 마지막 인간』이라는 책입니다. 1992년에 출간된 이 책에서 저자는 "냉전 종식과 소련 붕괴 이후 서구 자유민주주의가 이념 경쟁에서 최종적인 승리를 거두었으며, 이것이 인류 역사의 이념적 진화의 종착점이라고 주장했습니다"[74]. 쉽게 말해 이제 '해묵은' 이념 전쟁은 끝났다라 이야기한 겁니다. 전 세계 수많은 사람들이 이 이론에 영향을 받았습니다. 실제로 미국 초극시대(1991년 소련 붕괴 이후부터 2008년 글로벌 금융 위기까지의 시기를 일컫는 용어)에 세상은 안전하고, 풍요롭고, 번영하는 것처럼 보였습니다. 그러나 이내 오사마 빈라덴 테러조직 알카에다가 2001년 9월 11일 미국 뉴욕의 세계

무역센터 쌍둥이 빌딩과 워싱턴 D.C.의 펜타곤을 테러한 사건과 2008 글로벌 금융 위기, 현재 미국과 중국의 패권전쟁으로 상징되는 치열한 무역 전쟁 등으로 현재 후쿠야마식 낙관론은 그 영향력을 상실했습니다.

그러나 여전히 이런 철 지난 해석에 영향을 받는 사람들은 '이념', '사상' 이야기만 나와도 '언제적 이념 투쟁이느냐', '무슨 말만 하면 이념 타령…', '이제 이념, 사상 같은 이야기 소위 좌파 우파 이야기 좀 그만하고 미래를 향해 나아가자' 등의 이야기를 늘어놓습니다. 이런 사람들에게 '공산·사회주의'라는 단어라도 꺼낼 시에는 마치 구석기 시대 사람 또는 '극우' 인사처럼 취급하기도 합니다. 그러나 안타깝게도 이런 유의 사람들은 소련의 KGB 비밀요원이었다가 미국으로 망명한 올레크 칼루긴(Oleg Kalugin) 말에 의하면 "순진한 바보들"입니다. 2025년 오늘, 미국과 중국은 미국식 자유민주주의와 중국식 공산주의를 두고 충돌하는 그 어느 때보다 선명한 패권 전쟁, 이념 전쟁을 하고 있으니 말입니다.

멀리 갈 필요도 없습니다. 전 세계 패권국을 꿈꾸는 공산당 1당 독재체제인 중국은 서해 바로 옆에 있습니다. 공산주의에 사이비적 주체사상을 조잡하게 뒤섞어 놓은 인권말살 국가(정확히는 우리 한반도 영토 중 일부를 불법으로 점거하고 있는 '반국가단체'입니다) 북한은 파주와 의정부 바로 위에 있습니다. 중국과 북한을 지배하고 지탱하는 것은 몇 인간들이 만들어 놓은 특정 사상과 이념입니다. 시진핑은 중국공산당 중앙위원회 총서기 및 국가 주석으로 약 13년째 독재 중입니다. 그는 2017년 제19차 당 대회 개막식 연설에서 "신시대 중국 특색 사회주의 사상"이라는 표현을 쓰기도 했습니다.[75] 김정은 역시 2021년 1월 조선노동당 제8차 대회에서 '사회주의 강국 건설'을 넘어 '사회주의 사회'를 건설하고 '공산주의 사회'를 향해 나아가겠다는 목표를 제시했습니다.[76]

이들의 문제는 자국 국민들만 반성경적인 이념으로 세뇌시키고 억압하는 것이 아니라 지정학적·지리적으로 붙어 있는 우리나라에까지 자신들의 이념을 감염시키기 위한 각종 노력을 다하고 있다는 것입니다. '언제까지 이념 타령이느냐'라 묻는 사람들은 '요즘 세상에 간첩이 어디 있느냐'라고도 이야기하지만 이것 역시 부끄러운 무지의 소치일 뿐입니다. 간첩이 없는 세상, 간첩 걱정 안 해도 되는 세상은 예수님 다시 오셔서 통치하시는 새 예루살렘밖에 없습니다. 하물며 하나님 약속하신 가나안 땅을 미리 정탐했던 여호수아와 갈렙 역시 상대국 입장에서는 '간첩'인 것입니다(민 13:1-26).

그렇다면 우리나라 사정은 어떠할까요? 이 원고를 쓰고 있는 날을 기점으로 최근 중국 공안 아버지를 둔 10대 중국인들이 관광비자로 한국에 들어와 수원 공군기지 근처에서 국군 전투기를 무단으로 촬영하다 적발했으며 2024년 6월 25일에는 부산에 정박한 미국 항공모함을 '중국 유학생' 3명이 드론을 이용해 불법 촬영하다 적발되기도 했습니다. 중국 조직원이 아예 우리나라 현역 군인을 매수해 한미 연합훈련 계획 등을 수집하기도 했습니다.[77] 최근에는 윤석열 대통령의 계엄령 이후 정국이 혼란한 틈을 타 중국 공산당은 서해 잠정조치수역(PMZ)에 불법 구조물을 무단으로 설치하는 일까지 벌어졌습니다. 중국이 남중국해에 인공섬을 만들고 군사시설까지 만든 사례를 비추어 볼 때 이것은 일종의 '중국의 서해공정'으로 구조물 설치 뒤, 중국 영해라 우기며 실제 그 구조물을 바탕으로 인공섬, 군사기지 건설 등으로 발전할 수 있습니다. 이것은 우리나라 해양주권 침해와 영해 침탈에 해당하는 중차대한 사태라 볼 수 있습니다. 한반도를 향한 중국 공산당의 검은 야욕을 드러내는 상징적인 사건입니다.

북한도 이에 질세라(?) 적극적인 간첩행위를 하고 있는데 민주노총 전 조직쟁의국장 석모씨 등은 2017년부터 2022년까지 북한 문화교류국 지령을 받아 합법적 노조활동을 빙자해 간첩활동을 하거나 중국과 캄보디아 등 해외에서 북한 공작원을 접선한 혐의로 2심서도 징역 20년이 구형되었습니다. 이들이 북한 지령을 받아 수집한 정보에는 평택미군기지, 오산공군기지 군사장비 시설 등이 포함되었고요.[78] 또한 북한에 2만 달러 공작금을 받고 국내 기밀정보를 수집하고 보고한 혐의로 '자주 통일 충북동지회' 간부 3명이 실형을 받기도 했습니다.[79] 가장 충격적인 사건으로는 '통합진보당(통진당)' 해산 사건으로 이석기를 중심으로 한 'RO(Revolutionary Organization, 지하비밀혁명조직) 조직' 약 130여 명의 사람들이 경기도 '곤지암청소년수련원'과 서울 마포구 합정동 모 성당 교육관에서 회합을 갖고 국가 전복을 구체적으로 모의했던 사건입니다. 이석기는 조직원들에게 "전쟁을 준비해야 한다. 정치·군사적 준비를 해야 한다"라며 무장 혁명과 체제 전복을 기도했습니다. 여기에서 이들은 불법무기개조부터 시작해 평택에 있는 세계에서 가장 큰 유류 저장소를 폭파할 방법 논의, 서울 혜화동과 분당에 있는 통신시설에 접근하려면 몇 개의 문을 통과해야 한다는 표현도 있을 정도로 사전에 치밀한 답사를 했음이 밝혀지기도 했습니다.[80] 어디 이뿐입니까? 2002년 6월 29일 서해 연평도 인근에서 북한 경비정의 기습 선제 공격으로 우리 해군 6명이 전사한 '제2 연평해전'과[81] 2010년 3월 26일 서해 백령도 부근 해상에서 북한의 도발로 대한민국 해군 46명(실종자 6명 포함)이 전사한 천안함 사태[82] 등은 특히 요즘 대한민국 MZ세대와 알파세대가 절대 잊으면 안 되는 중차대한 사건입니다.

중국과 북한은 왜 이렇게 우리나라를 못살게 구는 것일까요? 중국은 대한민국이 여전히 자신들의 속국이라 인식하고 있습니다.[83] 이런 인식을 바탕으로 "2002~2007년 중국은 외교부 산하 중국 사회과학원의 '동북공정(東北工程)'을 통해 평양 천도 이전 고구려와 발해사를 중국 지방 역사에 포함하고 베이징 중국국가박물관이 한국중앙박물관이 보낸 자료를 왜곡해 고구려와 발해를 지운 한국사 연표를 전시"[84]하기까지 했습니다. 북한은 어떻습니까? 아예 북한 헌법에 핵무기를 포기하지 않는다는 내용을 담고 반미 연대를 강화하겠다고 했습니다.[85] 성경을 소지하거나 한국 드라마를 봤다는 이유로 공개처형을 하고 학교에서 그 공개처형 영상을 보여줍니다. 시신에 돌을 던지게도 합니다.[86] 도대체 왜 이럴까요? 여기서 핵심은 '성경'입니다. 복음입니다.

북한은 기독교 박해 지수 '월드 와치 리스트(World Watch List)'에 따르면 아프가니스탄에 1위를 내준 2022년 단 한 차례를 빼면 20년째 '사실상 부동의 1위'를 차지하고 있습니다. 최근 중국은 교회 1만 곳이 폐쇄되기도 했습니다.[87] 교회를 대표하는 이미지들(십자가 등)과 십계명을 시진핑 사진과 공산당 구호로 대체하게 했으며[88] [89] 모든 설교는 공산당에 사전 승인을 받아야 하고[90] 아예 중국 공산당 세뇌를 위해 성경을 조작하기도 합니다.[91]

이 책에서 정리한 좌파와 우파의 개념을 기억하시나요? 이 분류법에 따르면 중국과 북한은 '좌파 국가'입니다. 무신론·유물론·자연주의가 이들 국가 체제의 토대입니다. 반대로 한국은 '우파 국가'입니다. 예배자 이승만을 매개로 하나님은 대한민국에 미국식 자유민주주의를 채택하게 하셨고 예배자들의 자유를 헌법적으로 보장받게 하셨습니다. 예배자들의 자유가 중요한 이유는 자유민주주의가 제공하는 갖가지 자유의 초석이 '종교의 자유' 즉 하나님께 마음껏 예배할 자유이기 때문입니다. 그래서 미국은 이 종교의 자유를 '첫 번째 자유'라고도 합니다.[92] 물론 미국식 자유민주주의가 완전하진 않습니다. 그 자체로 우상이 되면 안 되지요. 그러나 미국과 한국의 자유민주주의는 예배자들의 자유를 법적인 차원에서 보호하는 전 세계 유일의 정치 체제입니다. 하나님의 소중한 은혜와 기적 그 자체인 것이지요. 그럼 상식적으로 생각해 보십시오. 이걸 사단이 좋아하겠습니까? 미국과 한국의 무신론화, 반성경화를 누구보다 사단이 바라지 않겠습니까?

사단의 사역(?)에도 개인 차원의 사역이 있고, 공적인 차원의 사역이 있습니다. 전지적 사단 관점에서 한 영혼을 파멸하기 위한 이야기를 담은 C.S.루이스의 『스크루테이프의 편지』에서처럼 마치 우리가 한국과 미국의 성경적 체제를 무너뜨리기 위한 사단의 입장에 있다고 가정해 봅시다. 그럼 반드시 선행해야 할 사단의 첫 번째 미션은 대한민국 크리스천들이 '정치'와 '신앙생활'을 전혀 별개로 생각하게 하는 겁니다. 오히려 정치 영역은 세속 영역, 즉 '세상'이기 때문에 기독교인은 정치 이야기를 입 밖에도 꺼내지 못하게 하고 교회당 밖에서는 하나님의 창조질서가 파괴되든 말든 개인 간증과 개인 묵상 등 '종교적 시간'에 종교적으로만 집중하게 하는 겁니다. 즉 사단은 한국 기독교인들의 공공영역에 대한 무관심을 누구보다 바랍니다. 이념과 사상이 복음을 대체하는 '현대인들의 우상숭배'라는 사실을 철저히 감추는 겁니다.

그래서 대한민국의 체제를 위협하는 실존하는 주적들이 있고, 그 주적들의 영적·정치적·사회적 침략에 기독교인들이 무감각하게 만듭니다. 기독교인들을 영적으로 잠재워놓고 반성경적·반체제 세력들이 되돌릴 수 없는 수준까지 대한민국 입법부·행정부·사법부·주류언론·교육계·출판계·대중문화계를 장악했다면 사단의 작전은 대성공인 셈입니다. 대한민국은 중국과 북한처럼 '사단의 공장'이 되는 것입니다. 이런 의미에서 체제의 충돌은 영적 충돌입니다. 정치 영역은 기독교인의 영적 전쟁의 반영이자 실제 영적 전쟁터인 것입니다. 사단도 '선교적 열정'이 넘쳐납니다. 한 사람이라도, 한 국가라도 더 악한 세력에 종속되기 위해 노력합니다. 하나님을 향한 반역을 국가 체제로 채택한 나라 역시 마찬가지입니다. 바로 이것이 중국과 북한이 대한민국을 공산·사회주의화하려는 궁극적인 영적 이유입니다. 사상과 이념이 이래서 중요한 것이고요.

제임스 사이어 책 『기독교세계관과 현대사상』이라는 책은 기독교 세계관을 대체한 인본주의 사상과 그 핵심 개념을 설명해 주는 책입니다. 그런데 자연주의(무신론+유물론) 사상을 설명하는 챕터에서 현시대에도 막강한 영향력을 끼치는 대표적인 자연주의 사상이 '공산주의'라고 이야기합니다. "19세기 후반 이후로 역사적으로 가장 중요한 형태의 자연주의 가운데 하나는 마르크스주의"[93] 즉 공산주의라고 말입니다. 전 세계적인 신학서적에 왜 갑자기 정치 이야기일까요? 아닙니다. 정반대로 생각해야 합니다. 사실은 공산주의가 '이단 사상'이기 때문에 신학 서적에 나오는 겁니다.[94] 종교심리학자인 정동섭 교수의 글을 읽어봅시다.

> 공산주의, 맑시즘의 창시자라 할 수 있는 칼 마르크스는 젊은 시절 기독교 신앙을 버리고 사단숭배자가 된다. 스탈린도 신학을 공부하다 사단숭배자가 되었고, 김일성도 기독교 가정에서 성장해 사단배자가 되었다. 거짓의 아버지 사단을 추종하는 이들은 거짓으로 점철된 교리(?)를 설파한다. 이들이 설파하는 대표적인 교리는 (1)무신론: 하나님은 없다; (2)유물론: 물질이 관념이나 정신보다 중요하다. 물질에서 정신이 나온다; 역사의 운영주체는 하나님이 아니라 물질이다. (3)진화론: 모든 동식물은 창조된 것이 아니며 진

화한다; (4)프로레탈리아 혁명을 위해서는 거짓, 사기(왜곡), 선동, 폭력을 사용해도 좋다. 윤리 도덕에 얽매일 필요가 없다. (5)유토피아: 인류역사는 원시공산제 → 고대노예제 → 중세봉건제 → 자본주의사회 → 사회주의사회 → 공산주의사회의 순으로 발전하게 된다. 자본주의가 무너지면 모두가 능력에 따라 일하고 필요에 따라 배분받는 유토피아(지상천국)가 도래한다. (중략) 정치경제적으로, 한반도에서는 영적 전쟁, 사상전이 벌어지고 있다고 해도 과언이 아니다. 사실상 기독교(자본주의)와 공산주의(주체사상)라는 세속종교가 충돌하고 있다. 사실상 북한의 주체사상과 남한의 기독교가 충돌하고 있는 철천지 불구대천의 원수다. 자유(인권)와 통제(억압), 빛과 어두움이 공존할 수 있는가![95]

― 정동섭 칼럼 중

중국인과 북한 동포들이 '어둠'이라는 말이 아닙니다. 중국과 북한의 공산당, 인민당이 채택한 정치 제도가 악하다는 말입니다. 그 악함은 하나님이 없다고 믿는 사람들이 만든 '사상'과 '이념'에서 나왔습니다. 사단은 거짓말을 '제도화'하여 '체제(system)'라는 이름의 유리감옥을 만들었습니다. 법의 강제성을 이용해 수많은 사람들이 강제로 하나님을 떠나게 만들었습니다. 이게 공권력의 힘입니다. 하나님의 형상으로 지음 받은 자국민들이 당연히 누려야 할 천부인권을 억압하는 것에 결과는 어떨까요? 중국과 북한에서는 자유를 찾아 수많은 사람들이 목숨을 걸고 자유의 나라로 탈출을 시도합니다.[96] 시진핑 집권 후 중국인의 국외 망명 신청자가 무려 100만 명을 넘어섰습니다.[97] 2025년 3월에는 북한 청년 세 명이 자유 대한민국으로 탈출하려다 잡혀 공개처형을 당했습니다.[98] 북한 같은 경우는 성경을 소지했다는 이유만으로 사람을 공개처형하는데[99] 무엇을 더 논하겠습니까?

오히려 더 심각한 문제는 하나님을 대적하는 이 악한 체제가 광명한 천사의 옷을 입고(고후 11:14) 우리나라에도 적극적으로 침투하기 시작했다는 겁니다. 이념과 사상의 침투가 아니라 '체제의 침투'라는 것을 유념하십시오. 이미 캐나다 정부는 중국 공산당이 캐나다 자국 선거에 개입을 시도했다고 공식 확인했습니다.[100] 한국도 전혀 안전지대가 아닙니다. 국민의힘 김미애 의원실에서는 우리나라 지방선거에 투표할 수 있는 외국인이 14만 명에 달한다고 밝혔습니다.[101] 14만 명 중 11만 3500여 명(81%)이 중국인입니다. 현행법상으로는 한국 영주 자격에 1년에 며칠 이상 국내에 머물러야 한다는 의무 거주 기간도 없기 때문에 이론상으로는 중국에서 지내다 선거일에만 입국해서 투표만 하는 것도 가능합니다.[102] 백종욱 전 국정원 3차장은 윤석열 대통령 탄핵 심판 공개변론에서 "(보안점검 결과) 중앙선거관리위원회의 인터넷망과 업무망, 선거망 사이 접점이 있는 취약점이 발견됐다"라며 외부에서 인터넷을 통해 선거망에 침투가 가능하다는 취지의 증언을 했습니다.[103] 참고로 2016년 유동열 자유민주연구원장의 좌담 발표 내용에 따르면 북한은 정예 사이버공작 작전인력 1,700여 명에 지원 및 기술인력 4,300여 명 등 6,000여 명에 달한다고 평가했습니다.[104] 또한 국정원 산하 국가사이버안보센터는 2024년 한국에서 자행된 해킹의 80%가 북한의 소행이라고 밝히기도 했습니다.[105]

대한민국의 적화는 도깨비 뿔 달린 괴물이 우리를 겁박하면서 이루어지지 않습니다. 말끔한 정장에 넥타이 매고 환하게 웃고 있는 정치인들을 통해 이루어집니다. 방송인들 얼굴 뒤에 숨은 예능 PD, 드라마 작가, 영화감독 등의 대중문화 콘텐츠 제작자들을 통해 이루어집니다. 전자가 정치체제의 전복이면 후자는 대중문화의 전복입니다. 물론 문화가 정치의 상위 개념이지만 강제성을 띠고 있는 법률의 특성과 국가 체제의 무게감과 중요도를 고려할 때 우리는 둘 다 놓치면 안 됩니다. 특히 성경적 체제를 지킴에 있어 첫째, 중국(공산당)에 대해 적대감보다 친밀감을 보이는 정치인 또는 정당. 둘째, 북한 김정은 정권의 인권 탄압 참상을 전혀 비판하지 않는 정치인 또는 정당을 감시하고 견제·저항해야 합니다. 참고로 더불어민주당 박정(경기 파주을) 국회의원은 북한군·중공군 묘역 추모제에 참여해서 논란이 되었습니다. 반면 이보다 사흘 앞서 열린 '서해수호의 날' 기념식은 불참했고요.[106] 2021년 중국 공산당 100주년을 기념해 주최한 '중국 공산당·세계 정당 정상회담

(CPC and World Political Parties Summit)'에 더불어민주당 당기(黨旗)가 포착되기도 했습니다.[107] 문재인 전 대통령은 2017년 12월 중국 베이징대학교 연설에서 "중국은 높은 산봉우리", "한국은 작은 나라", "중국몽은 모두의 꿈"이라며 "중국의 꿈에 함께할 것"이라 말했습니다.[108] 민주당 출신 박원순 전 서울시장은 중국발 코로나19로 한국이 큰 어려움을 겪을 당시 "우한짜요!"(武漢加油·우한 힘내라)" "중궈짜요!"(中國加油·중국 힘내라)" "서울은 중국을 지지합니다"라고 외치는 동영상을 제작해 공개했습니다.[109] 민주당 당대표를 역임했고 현재 유력한 대통령 후보인 이재명이 "왜 중국을 집적거려요. 그냥 '셰셰'(謝謝·고맙다는 뜻), 대만에도 '셰셰' 이러면 되지 뭐 자꾸 여기저기 집적거리나"라고 하며 "(중국과 대만의) 양안 문제, 우리가 왜 개입하나. 대만해협이 뭘 어떻게 되든, 중국과 대만 국내 문제가 어떻게 되든 우리가 뭔 상관 있나. 그냥 우리는 우리 잘 살면 되는 것 아닌가"라며[110] 국제정세 분석력이 매우 취약함을 드러냄과 동시에 한미일 군사공조에 반대되며 친중적인 국가관을 갖고 있다는 비판에 직면하기도 했습니다.

물론 박근혜 전 대통령 역시 2015년 중국 '항일전쟁 및 세계 반(反)파시스트 전쟁 승리 70주년 기념행사' 열병식 초대에 응해 시진핑 바로 옆자리에서 대규모 열병식 사열을 받는 모습을 보여준 바 있습니다. 그 자리는 중국이 미국 패권에 도전하겠다는 야욕을 드러낸 기획성 이벤트라는 해석이 많았기에 미국 동맹국 중 어느 나라도 참여하지 않았습니다. 비판받을 여지가 있습니다. 물론 한국만의 지정학적 현실성을 고려한 장기적인 외교술이라는 평가도 있긴 합니다만 당시 미국 조야가 불쾌해했다는 건 사실입니다.[111] 그러나 민주당 정치인이 보인 친중적 행보와 같은 선상에서 비교하는 것이 무리인 이유는 궁극적으로 왼쪽 정당과 오른쪽 정당이 만들고자 하는 대한민국의 이상향과 그 방법론이 상이하기 때문입니다. 쉽게 말해 자국을 적국처럼 만들기 위한 철학을 갖는 자들의 행보와 자국을 적국으로부터 보호하려는 정략의 일환으로 적국과 관계를 맺는 것은 차원이 다르다는 말입니다. 실제로 국민의힘 강령에는 "우리는 자유민주주의에 입각한 평화통일이 한반도 전체의 번영과 발전을 가져올 수 있다고 믿는다"[112]라는 내용을 명시함으로 북한의 불법성을 드러내는 동시에 '자유민주주의에 입각한 통일'이라는 통일의 구체적인 철학과 방법론을 밝히고 있습니다. 북한 정권에 대한 그 어떤 비판도 없이 북한의 반인권적·반성경적 체제를 인정하는 듯한 전제의 "남북 평화공존과 공동번영을 이룩할 것"[113]이라고 이야기하는 민주당 강령과는 정반대라 할 수 있습니다.

국민의힘 정당이나 더불어민주당 정당 강령·당헌·당규 어디에도 '하나님을 믿으라'거나 '하나님을 믿지 말고 교회를 핍박하라' 등의 내용은 없습니다. 그러나 그동안 이 책을 통해 살펴본 기준대로 정당의 철학과 헌법이 첫 단추를 어디에 끼웠느냐. 즉 각 정당이 추구하는 철학의 방향성이 성경적 원리를 인정하느냐, 아니냐에 따라 모든 게 달라지는 것이지요. 중국 공산당 100주년 기념 행사에 한국 민주당 당기가 걸려 있는 이유는 사상의 뿌리가 같기 때문입니다. 민주당 국회의원이 '서해수호의 날' 기념식은 불참하면서 북한군·중공군 묘역 추모제에 참여하는 것도 같은 이유입니다. 비슷하면 뭉칩니다. 뿌리가 같기 때문입니다. 다시 말씀드리지만 하나님을 부정하는 것은 그 자체로 하나님에 대한 반역입니다. 하나님이 없다는 사상 그 자체가 반기독교 사상이며 영적 본질은 우상숭배입니다. 이런 의미에서 무신론도 종교라는 것입니다. 그리고 하나님이 없다는 전제로 시작한 인간의 지식적 바벨탑은 공산·사회주의, 실존주의, 유물론적 여성주의(페미니즘), 포스트 모더니즘, PC주의 등 수많은 이름의 다양한 열매 같지만 본질은 "내 인생의 주인은 나다"라는 가장 강력한 우상숭배로 귀결된다는 의미에서 '같은 종교'인 것입니다. 이것이 우리가 대적해야 할 적의 실체입니다.

> "마귀의 간계를 능히 대적하기 위하여 하나님의 전신 갑주를 입으라. 우리의 씨름은 혈과 육을 상대하는 것이 아니요 통치자들과 권세들과 이 어둠의 세상 주관자들과 하늘에 있는 악의 영들을 상대

함이라. 그러므로 하나님의 전신 갑주를 취하라 이는 악한 날에 너희가 능히 대적하고 모든 일을 행한 후에 서기 위함이라"

- 에베소서 **6:11-13**, 개역개정

여기서 중요한 점은 적과 원수는 다르다는 것입니다. 원수는 용서하고 사랑해야 합니다(마 5:43-44). 그러나 적과는 끝까지 싸워야 합니다. 우리의 싸움 상대가 혈과 육이 아닌 것이지 싸움 자체를 하지 않는다는 말이 아닙니다. 그럼 원수가 누구이고, 적이 누구일까요? 우리가 미워하는 사람이 원수입니다. 그렇다면 우리의 적은 누구일까요? 거짓의 아비, 사단입니다(요 8:44). 그럼 어떻게 싸워야 할까요? 악은 선으로 이기는 겁니다(롬 12:21). 어둠은 빛으로 물리치는 겁니다(요 1:5). 그러니까 선으로 악을 이기고, 빛으로 어둠을 물리친다는 게 어떻게 싸운다는 뜻일까요? 첫째는 기도입니다. 임기와 권한 제한이 없는 우주의 대통령 중 대통령. 왕중의 만왕이신 예수 그리스도께 우리의 간절한 간구를 말씀드리는 것입니다(마 7:7-8; 막 11:24; 요 14:-13-14; 요 15:7). 그럼 이게 끝일까요? 많은 기독교인들이 그렇다고 대답합니다. 실제 평소 자신의 바쁜 일상 속에서 기도 시간을 따로 확보해 기도하는 기독교인도 희귀(?)한 사회이기에 나라를 위해 기도하는 기독교인들이 너무 귀하고 소중합니다. 그러나 여기서 멈춘다면 우린 반쪽짜리 크리스천이 되는 겁니다.

생각해 보십시오. 기도만 해도 만사가 해결됐다면 사도 바울이 안디옥교회에서 기도만 하면 됐지 왜 그렇게 죽을 고생하며 수차례 직접 발로 뛰며 전도여행을 다녔겠습니까? 그 이유는 야고보가 선포했듯, 바른 신앙은 실천과 한 세트이기 때문입니다(약 2:14-17). 느헤미야서에서도 비슷한 원리가 선포됩니다.

> 내가 나서서 그들에게 대답하였다. "하늘의 하나님이 우리를 위하여 이 일을 꼭 이루어 주실 것이오. 성벽을 다시 쌓는 일은 그분의 종인 우리가 해야 할 일이오. 예루살렘에서는 당신들이 차지할 몫이 없소. 주장할 권리도 기억할 만한 전통도 없소."
>
> – 느헤미야 **2:20**, 새번역

하나님이 우리 소원을 이뤄주십니다. 그러나 성벽을 다시 쌓는 '실체적인 일', '실제적인 일'은 그분의 종인 우리가 해야 하는 일입니다. 거짓의 아비 사단의 거짓말을 특정 정당이 퍼뜨리거나 거짓말을 법제화하여 법의 강제성을 동원해 국민 모두를 죄를 짓게 만든다거나 사실이 아닌 일을 왜곡하여 주류 언론에서 국민들에게 특정 정파적 프로파간다를 자행한다거나 다음세대에게 사단의 독극물과 같은 쾌락주의·정욕주의적 콘텐츠를 떠먹여준다거나 공산·사회주의를 신봉하는 대선후보가 대통령이 되기 직전이라면 우리는 분연히 일어나 사실을 알리고, 가르쳐서 사단의 거짓말이 대한민국에 공식화·대중화되는 그 어떤 흐름도 막아야 합니다. 저항해야 합니다. 거짓의 힘과 어둠의 영향력이 제아무리 커 보일지라도 우리는 오직 하나님의 영광을 위해 자신의 믿음의 물맷돌을 집어 골리앗 머리 정중앙을 향해 힘껏 물매질을 해야 합니다(삼상 17:45-50).

원수는 용서해야 하지만 적과는 싸워야 합니다. 악법을 제정하려는 정치인과 그 정당 지지자들을 미워하라는 말이 아닙니다. 사람을 미워함은 죄이기 때문입니다(레 19:17-18). 그러나 그 세력이 하려는 일을 미워해야 합니다. 죄는 끝까지 미워하고 대적해야 하는 것이기 때문입니다(롬 12:9; 암 5:15). 우리는 거짓의 실체를 알려야 하며 그 거짓된 행위를 바로잡아야 합니다. 거짓과 죄를 사람들의 사회적 합의로 '적법이다', '옳다'하는 정치 흐름과 문화 흐름을 반드시 막아야 합니다.

그런데 만약 우리가 최선을 다해 저항하고 대적했음에도 악법이 통과되거나 명징한 공산·사회주의 세력이 정권을 차지하고 국회의원이 되면 어떻게 해야 할까요? 하나님이 틀린 것일까요? 하나님 오른손이 짧아지신 것일까요? 전혀 아닙니다. 우리가 이해되지 않을지라도 하나님께서는 영원한 역사의 주관자이시며 우주의 유일한 절대 주권자이십니다. 예수 그리스도께서는 늘 옳으십니다. 다만 현실에서 벌어지는 일이 이해가 안 될 때에는 그저 무릎 꿇고 기도하며 늘 옳으신 주님을 겸허히 찬양합시다. 단기적으로는 해석이 안 되나 하나님의 섭리적 타이밍에 그분의 뜻이 이뤄지는 하나의 퍼즐 조각일 뿐입니다. 즉 최선을 다해 싸우되 (현상적) 결과에서는 자유해야 합니다. 언제 어디서든 내 자아는 십자가에 못 박혀야 하는 것입니다(고전 15:31).

결과는 주님의 영역입니다. 그러나 주님 오시기 전까지 세상은 어차피 악해지니 그렇게 정치 이야기하며 '인간적인 노력'을 하는 것은 믿음이 없는 것이라는 무지의 소치가 한국교회에서 사라져야 할 때가 되었습니다. '우리는 오직 예배와 신앙생활에만 집중해야지. 세상 일에 너무 몰두하는 건 영혼 구원 사역에 방해되는 거야'라는 식의 말도 마찬가지입니다. 우선 이런 부끄러운 말 모두 '신앙의 자유', '표현의 자유' 등이 제공되는 사회 시스템이니 마음 편하게 할 수 있는 말입니다. 북한에서는 이런 말조차 못합니다. 그러나 저런 유의 말을 내뱉는 사람 대부분은 이런 사실조차 인지하지 못합니다. 정작 문제는 그런 사람들은 본인 혼자 잘못하는 게 아니라 본인의 교만과 무지를 옆 사람에게 전염시킨다는 것입니다. 또 높은 확률로 저런 입장을 취하는 종교인 대부분 '좌경화된 인본주의 현대성'에 젖어 있는 경우가 많습니다. 쉽게 말해 신앙과 정치는 분리되어야 한다, 교회에서 정치 얘기하지 말라면서 정작 자신이 인본주의 사상의 나팔수 역할을 할 때가 많다는 이야기입니다. 이렇듯 무지는 위선을 불러옵니다.

진정한 이웃 사랑이란 무엇일까요? 그들의 이 위선을 벗겨 주는 것입니다. 물론 미련한 사람은 상종하지 말아야 할 때가 많습니다(잠 23:9). 그렇다면 미련한 사람에게는 지혜롭게 조언할 수 있는 타이밍을 기다리는 것도 하나의 방법입니다. 하지만 동시에 그 미련한 사람의 '위선 바이러스'는 명징히 반대하고 막아야 합니다. 그런 사람들이 교회 분위기를 주도한다면 결국 그 교회나 지역 사회, 궁극적으로 우리 국가가 거짓의 아비인 사단이 원하는 공동체가 되기 때문입니다. 일례로 교회 차원에서 차별금지법은 반대하는데 그 차별금지법을 발의하려는 정당과 정치인 이름은 교회에서 직접 언급하지 말라는 웃지 못할 상황을 생각해 보십시오. 지금 한국교회는 지금 한국 기독교인들은 짖지 못하는 개(사 56:10)가 아니라 자체적으로 짖지 않는 개와 그 개들의 교육소가 된 것만 같습니다. 파수꾼이 본인 눈을 스스로 파버린 시대, 개의 성대를 스스로 제거해버린 시대가 오늘날 우리 시대가 아닌지 우리는 두려운 마음으로 돌아봐야 합니다.

"비록 우리가 육신을 지니고 살지만 육신의 생각대로 싸우고 있는 것은 아닙니다. 우리의 무기는 육적인 것이 아니라 마귀의 요새라도 파괴할 수 있는 하나님의 강력한 무기입니다. 이 무기로 우리는 여러 가지 헛된 이론과 하나님에 대한 지식에 대항하는 온갖 교만한 사상을 무너뜨리고 사람들의 마음이 그리스도에게 복종하도록 하고 있습니다."

– 고린도후서 **10:3-5**, 현대인의 성경

아멘.

"우리는 여러 가지 헛된 이론과 하나님에 대한 지식에 대항하는 온갖 교만한 사상"을 무너뜨려야 하는 책무가 있습니다. 이 말인즉슨 우리는 이미 하나님께서 은혜로 주신 (적어도 현재 세계에서 유일하게 존속되고 있는) 성경적 자유민주주의라는 체제를 지키는 것이 신앙생활의 주요 임무 중 하나라는 말입니다. 세례 요한은 오지랖이 넓어서 '정치인' 헤롯에게 공개적인 비판을 가한 것이 아닙니다(마 14:3-4). 세례 요한이 '극우 유튜브'에 빠져 종교인의 본분을 잊고 소위 '극우 영상'을 찍어 올린 것이 아닙니다. 세례 요한은 정치 영역의 절대주권자가 하나님이셨기 때문에 성경에서 옳지 않다 했던 죄를 범한 왕에게도 마치 다윗의 물매질을 했던 것입니다.

여러분과 저는 황제에게만 주권이 있는 시대가 아닌, 모든 국민에게 주권이 있어 우리가 선거를 통해 통치자 또는 통치 세력을 바꿀 수 있는 사회에서 살고 있습니다. 이 말인즉슨 하나님이 황제에게 책망하셨던 영역이 이제 (일정량) 우리에게 넘어왔다는 말입니다. 그렇다면 대한민국의 급진적인 반성경화 흐름에 우리가 얼마나 큰 책임이 있겠습니까?

원수는 사랑합시다. 그러나 적과는 끝까지 싸워야 합니다. 기도와 동시에 실제 입을 벌려 하나님의 역사의 옳은편에서 진실과 사실을 말해야 합니다. 그러기 위해 공부도 필수입니다. 미국 이코노미스트에서 "미국에서 가장 영향력 있는 복음주의자 중 하나"라 평가 받는 남침례신학교 총장 R.앨버트 몰러(R. Albert Mohler Jr. (1959~))는 자신의 저서 『세속화의 폭풍우가 몰려온다』에서 "신실함을 유지하기 위한 첫 번째 과제는 현실 이해에 달려 있다는 것이다. 폭풍우에 대해서 알고 그것을 있는 그대로 파악하는 것이 필수적인 첫 단계다"라고 이야기했습니다.[114] 이 시대 기독교인들에게 독서 스터디는 선택이 아닌 필수라는 이야기입니다. 아는 만큼 보이고, 배운 만큼 지킬 수 있기 때문입니다. 또한 내 자녀 학교 학부모위원회와 내가 사는 곳 주민 회의에 적극적으로 참여해야 합니다. 투표는 당연하고 한 명이라도 이 나라를 위한 투표를 할 수 있도록 우리에게 주신 재능과 은사를 적극 사용해야 합니다. 이게 우리의 적과 싸우는 방법입니다.

여기에서 스멀스멀 올라오는 의문점이 있을 수 있습니다. 이런 '정치 투쟁'은 윌버포스처럼 몇몇 은사 받은 사람들만 해당되는 이야기 아니냐고 말입니다. 굳이 이렇게까지 살아야 할 필요가 있느냐고 말입니다. 그러나 아닙니다. 기독교인은 원래 이렇게 사는 겁니다. 저는 제 아들이 반성경적인 교육이나 문화콘텐츠의 영향을 받는지 꼼꼼하게 살필 겁니다. 아들을 사랑하기 때문입니다. 이 나라도 마찬가지입니다. 귀찮고 버거울 때가 있어도 자기부인하고 순종하며 저에게 맡겨진 부르심에 충성된 종으로 해야 할 일들을 해나갈 겁니다. 제 아들을 사랑함보다 예수님을 사랑함이 더욱 크고 값지기 때문입니다. 그래서 이 시국에 이런 책을 써 내려가고 있는 것 아니겠습니까.

진정한 그리스도인이라면 진정 이 시대의 하나님의 나팔이 되어야 하지 않겠습니까.

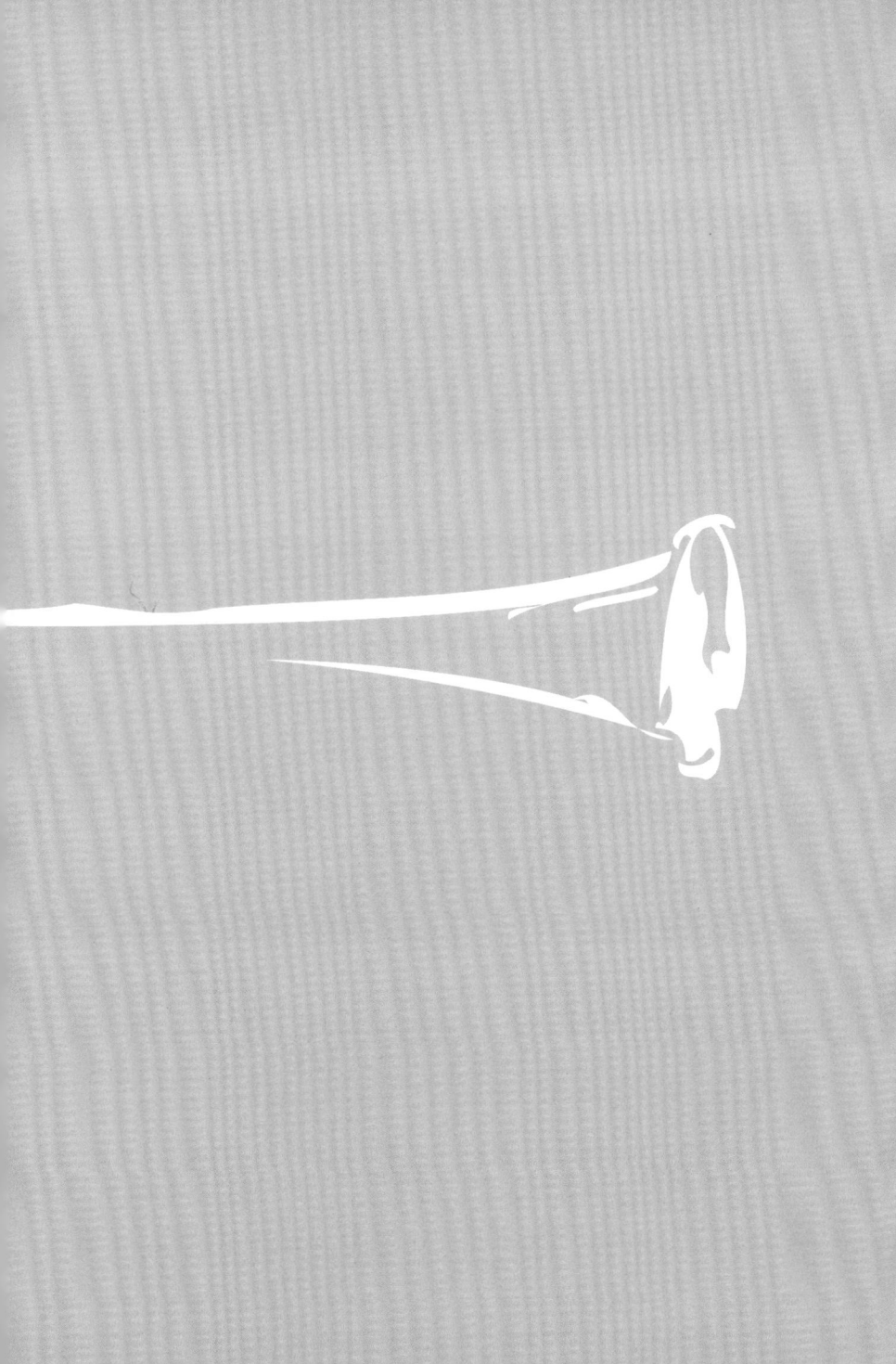

7장. 그러면 한국은 어떻게 될 것인가?

2024년 한국보건사회연구원(보사연)의 '사회통합 실태 진단 및 대응방안-공정성과 갈등 인식' 보고서에 따르면 한국 국민 중 무려 58%가 자신과 정치 성향이 다르면 그 상대방과 결혼이나 연애를 할 수 없다고 답했습니다.[115] 또한 우리 사회의 갈등 중 보수와 진보의 갈등이 가장 심각하다고 밝힌 국민이 92.3%에 달합니다.[116] 어쩌다 나라가 이 지경이 되었을까요? 이 와중에 몇몇 목사님들은 우리 교회와 기독교인들이 좌파 우파로 갈라져 있는 이 양극단의 사회갈등을 봉합하는 주체로 나서야 한다고 이야기합니다. "기독교인은 좌파도 우파도 아닌 오직 예수파"라고 하며 공정한 심판 또는 중간 안내자 노릇을 자처하는 겁니다. 한국교회 '마저' 진영논리에 빠지면 안 된다며 말입니다.

과연 이 말이 맞는 말일까요? 당연히 아닙니다. 우리가 예배에만 집중해야 하는데 정치 영역으로 엇나가 성도와 교회가 정치 진영 논리에 빠져 나라가 이렇게 된 게 아닙니다. 오히려 그동안 우리가 복음에 의거한 정확한 진영에 몸담지 않았기 때문에 사회가 이 지경이 된 것입니다(그래서 좌파 우파의 용어와 그 개념 정립이 그토록 중요했던 겁니다). 성도들이 고학력·고스펙 목사님들의 말씀 강해를 덜 들어서 나라가 이 지경이 된 것이 아니라 목사님들부터 성도들까지 '올바른 기독교 정치관'을 모르거나 잘못 알고 있었기 때문에 나라가 이 지경이 된 것입니다. 정치적인 문제는 도덕적이고 종교적인 문제입니다.[117] 영적 전쟁의 현안이 우리 삶과 정치 영역에 그대로 반영된다는 말입니다. 이런 의미에서 정치·문화 영역은 가장 치열한 영적 전쟁터입니다.

왜 국민 중 절반이 넘는 사람들이 단지 지지하는 정당이 다르다는 이유만으로 상대와 연애와 결혼까지 고사하고 있을까요? 그것은 핵심 정치 문제는 단순히 '다름'의 문제가 아니라 '틀림'의 문제이기 때문입니다. 서로 간 '옳다', '그르다' 하는 가치 판단이 부딪히는 문제입니다. 즉 성격 차이, 문화 차이가 아니라 영적인 충돌이라는 말입니다. 만약 정치 성향이 다른 크리스천 남녀가 결혼을 했다고 합시다. 한 명은 왼쪽 정당을 지지하고 다른 한 명은 오른쪽 정당을 지지합니다. 그런데 왼쪽 정당이 차별금지법을 제정했다고 합시다. 그럼 좌파의 주장처럼 우리나라가 차별이 없는 더 살기 좋은 나라가 되는 것일까요? 전혀 아닙니다. 이 법안은 곧 연쇄작용을 일으켜 우리 사회 전반에 엄청난 혼란과 혼돈을 가져오게 될 겁니다. 우선 부부의 자식이 다니는 유치원과 학교의 공교육부터 바뀝니다. 안드레아 윌리엄스 변호사의 증언에 따르면 차별금지법이 통과된 영국은 "동성애가 정상적이고 괜찮다", "성전환이 정상적이고 괜찮다", "동등하고 옳은 일"이라고 4살 때부터 의무적으로 가르쳐야 합니다.[118] 미국에서는 이제 생물학적 남자이지만 '나는 여자다'라고 자신의 성별을 선택한 트랜스젠더에게 여학생 기숙사와 샤워실을 개방해야 합니다.[119] 하물며 기독교 사학에서도 말입니다.

성별은 남자와 여자밖에 없으며, 태어날 때부터 고정된 것이라 자신이 임의로 고를 수 없다는 내용을 '혐오'라고 가르치는 사회에서 부모는 둘 중 하나를 선택해야 합니다. 반성경적 교육 이념과 문화 기류를 따르거나(=침묵하거나. 침묵은 동조입니다) 아니면 저항하거나. 그런데 왼쪽 정당을 지지하는 배우자는 이 악랄하고 반성경적인 연쇄작용을 설명해 줘도 받아들이지 않습니다. 입으로는 '나도 차별금지법은 반대하지'라고 하지만 결국 왼쪽 정당과 정치인에 대한 지지는 끝까지 철회하지 않습니다. 아무리 신앙적·신학적·이성적·합리적·감정적으로 설명해 줘도 '나도 악법은 반대해…

그런데 그건 그거고… 난 도저히 저 오른쪽 정당과 정치인은 못 뽑아 주겠어. 이 (좌파의 시선과 서사로 쌓여온) 뉴스랑 이 영상 좀 봐봐!'라는 영적 답보 상태가 수년, 수십 년째 지속된다고 생각해 보십시오. 두 사람이 비록 교회를 다니는 기독교인 부부라 하지만 실은 영적인 결이 서로 완전히 다른 것입니다.

그런데 매우 안타깝게도 오늘날 현대 사회에서 젠더성혁명을 법제화하려는 세력에 투표하는 기독교인들은 자신도 모른 채 '불의의 도구'로 쓰임 받아 이 나라와 민족, 우리 다음세대가 사단의 독극물을 마시게 하는데 가담하고 있는 꼴입니다. 그들은 본인의 투표권을 통해 이 나라에 반성경적 세력에게 공권력을 쥐어준 장본인이기 때문입니다. 물론 정치관이 다른 사람과는 연애결혼도 못 한다 이야기한 58%의 국민이 젠더성혁명의 실체에 대해 알고 저런 답변을 한 것은 아닐 겁니다. 그러나 말로 설명할 순 없어도 상대와 섞일 수 없는 근본적 다름을 직관적으로 느끼는 데에서 오는 반응과 처세일 수 있습니다.

그럼 예전에는 우리 사회가 이 정도까진 아니었는데 왜 하필 요즘 들어 극단적인 양극화가 심화되었을까요? 혹자의 말마따나 빅테크 대기업이 설정한 개인 취향 위주의 추천 알고리즘 시스템으로 사람들의 '확증편향'이 날로 심해져서 그런 것일까요? 물론 그런 측면도 있습니다. 하지만 그것은 본질이 아닙니다. 우선 이 문제에 대한 답을 하기 전에 전제해야 할 점은 사단은 아담과 하와를 미혹한 때부터 예수님 다시 오시기 전까지 온갖 방법으로 하나님나라 확장과 영혼 구원을 방해한다는 점입니다. 즉 예전에도 모양만 달랐을 뿐, 우리만 몰랐을 뿐 '한국의 성경적 문화의 보존과 확대'를 막기 위한 사단의 공격은 항상 치열했다는 말입니다. 일례로 1950년 6월 25일 새벽 4시에 기습적으로 쳐들어온 북한군을 생각해 보십시오. 그때 남한마저 적화되었다면 저는 이런 글을 쓸 수도 없었을뿐더러(사상의자유, 표현의자유, 출판의자유를 포괄하는 개인의자유, 헌법에서 보장하는 개인의 기본권 자체가 없다는 말입니다) 여러분도 이런 글 자체를 읽지도 못하고 평생 김일성 3대 세습 사이비 집안 사람들을 신처럼 모시며 노예로 살아갔을 겁니다. 교회 말살은 당연합니다. 그럼 여러분과 제가 '예수'라는 단어, '자유'라는 단어 한 번 못 듣고 평생 고생하다 지옥불에 떨어지는 것은 당연지사고 한국이 지금껏 전 세계에 파송한 선교사님들과 그 사역의 열매들도 존재하지 못했을 것입니다(물론 하나님은 다른 방법을 통해서 얼마든지 마라나타 복음전파 플랜을 완성해 가십니다). 1950년, 이처럼 한반도의 공산화를 막기 위한 UN연합군과 한국군의 투쟁은 보다 많은 것을 의미하고 있었던 것입니다.

둘째, 이것은 우리 사회가 요즘 들어 양극단이 심해진 것이 아니라 오히려 대한민국이 조용히 적화될 수 있던 비극적 흐름 끝자락에서 기독애국 시민들이 (늦었지만) '본격적인 저항'을 시작했기 때문에 사회가 뒤흔들리는 것이라 볼 수 있습니다. 이것은 '원래 평화로웠는데(=우리나라 시스템은 어떤 일이 있어도 무너질 리가 없는데) 요즘 이상해졌다'가 아니라 원래 이상했는데 그 문제의 원인이 이제야 수면 위로 드러났다는 말입니다. 셋째, 2010년 평등법(차별금지법)이 통과된 영국[120]과 2015년 동성 결혼을 합법화한 미국 연방 대법원의 판결 이후로[121] 반성경적 젠더 성교육을 받은 세대의 각종 심각한 사회적 부작용들이 드러나기까지 우리가 일종의 '잠복기'를 지나 '발병기' 시대에 살고 있다는 것입니다. 쉽게 말해 특정 정치세력이 성별은 여러 개라고 주장하며 그것을 법제화하려고 한다면 고려시대든 조선시대든 그 사회는 '당연히' 시끄러워진다는 말입니다. 비정상의 정상화 사회에서 정상인들이 들고 일어나는 과정의 '필연적 시끄러움'은 당연하고도 건강한 사회 반응입니다. 오히려 성별의 차이가 무의미하다라 주장하는 극좌세력이 공권력을 장악하기 직전인데도 그 사회가 조용하다면 그 사회는 이미 죽은 사회인 것이지요. 즉 이것은 사회의 양극화가 아닌, 폭주하는 기관차를 멈춰 세우려는 (조금 시끄러운) 급브레이크 소리인 측면이 강하다는 겁니다.

그러나 이미 심각한 좌편향으로 점철된 주류언론은 이 나라의 극좌경화에 대한 거룩한 반동으로 대한민국의 본래의 정체성을 지키려는 친대한민국 세력을 '극우'로 매도합니다. 물론 나라를 지키려는 세력 중에는 강경파도 있고 또 실수와 잘못을 하는 개개인이 있을 수 있습니다(그것은 반대 진영도 마찬가지이지요). 그럼에도 모두 동일한 위기의식을 갖고 대한민국의 헌법 체계와 그 가치를 지키자는 것에 동의하는 성경적 애국 시민들입니다. 기억하시나요? 이 책의 분류법에 따르면 대한민국은 '우파의 나라'입니다. 우파의 시작은 하나님(즉 옳고 그름의 성경적 절대기준)을 인정하는 것입니다. 이걸 다른 말로 '(미국식) 자유민주주의' 또는 '(미국식) 서구문명'이라고 합니다. 그런데 극단적인 좌파는 이 성경적 가치기준과 사회체제를 부정합니다. 어찌 보면 당연합니다. 좌파의 시작은 하나님을 부정하는 반역부터이니까요.

좌파는 그들의 혁명 투쟁을 통해 깨달은 갖가지 노하우와 데이터를 갖고 체계적으로 이 나라를 내부에서부터 망가뜨리려 합니다. 자유민주주의에서만 제공하는 자유로 자유민주주의를 파괴하고 있는 것입니다. 바로 이 지점이 대부분의 기독교인들이 미혹된 지점입니다. 이들이 모르고 있는 사실은 첫째, 우파 좌파의 정의를 정확히 모릅니다(거의 모든 문제가 여기서 시작됩니다). 둘째, 그래서 한국이 '우파의 나라' 즉 성경에 열려 있는 사회 시스템이라는 것을 모릅니다. 셋째, 자유민주주의 테두리 안에서 용인하고 존중

할 수 있는 왼쪽과 자유민주주의 테두리 밖에서 자유민주주의 자체를 깨부수는 왼쪽을 구분하지 못합니다. 왜냐하면 이 인과관계와 상관관계를 알기 위해서는 영적 눈이 떠져야 하고 학습을 통해 일정량 지식을 습득해야 하기 때문입니다. 그러니 공공연하게 전 국민에게 25만 원씩 일괄적으로 나눠주겠다 떠드는 정치인과 정치 세력이 있어도[122] 이것이 이 나라를 근본부터 파괴하는 공산·사회주의 정책이라는 것을 깨닫지 못하고 있는 것입니다. 아니 아예 반대로 해석하는 사람들이 부지기수입니다. 이처럼 현재 한국이 반성경적 공산화가 거의 완성 단계에 이르렀다는 걸 알아챌 수 있는 영적·지적 문해력이 부재합니다.

2024년 12월 3일, 윤석열 대통령은 계엄령을 발동했습니다. 저를 포함 전 국민이 황당하고 혼란스러워했습니다. 물론 약 3시간 만에 국회에서 계엄이 해제되었지만 이 계엄령으로 인해 약 넉 달 동안 우리나라는 또 한 번의 격랑 속으로 들어갔습니다. 그러는 중 4월 4일 헌법재판소는 전원일치 판결로 윤석열 대통령을 파면했습니다. 그 뒤로 8주 안에 새 대통령을 뽑아야 했고요. 이 과정에서 소위 깨어난 사람들이 많습니다. 윤 대통령에 대한 호·비호를 떠나 '도대체 대통령이 왜 저런 극단적인 방법을 사용했을까?'라 의구심을 가진 시민들이 하나하나씩 그 이유를 살펴보며 우리나라가 생각보다 매우 심각한 위기 가운데 있구나라는 것을 깨달게 된 겁니다. 가장 큰 깨달음은 이 나라를 적화하려는 북한과 중국 공산당이 원하는 방향과 현재 국내 왼쪽 정당이 이 나라를 급진적으로 바꿔나가려는 방향이 같거나 매우 흡사하다는 것일 겁니다. 이 글을 쓰고 있을 당시, 왼쪽 정당 대선 후보는 자신이 대통령이 되면 사드배치를 철회하겠다고 합니다.[123] 그는 해방 당시 소련의 공산화로부터 한반도를 지켜준 미국군을 '점령군'이라 이야기했던 사람이기도 합니다.[124] 미국에서 사회주의자를 자임하는 버니 샌더스의 한국어 번역본의 추천사를 쓰기도 하고요.[125] 또한 민주당 싱크탱크인 민주연구원 부원장을 역임했던 사람은 아예 공개적으로 삼권분립을 막 내려야 할 시기가 됐다느니, (임명)사법부를 없애자느니 하는 반헌법적 이야기를 합니다.[126] 그런데 이런 세력을 지지하는 국민이 무려 절반가량 됩니다. 이게 왜 문제인 줄도 모르고 오히려 '저들의 혁명'을 이뤄 이 나라를 더 좋게 만들어달라 응원하고 있는 꼴인 겁니다. 더욱 비극적인 건 대다수 (목사 포함) 기독교인들이 이 무신론-공산·사회주의 혁명을 열렬히 지지하고 있는 것입니다. 현재 대한민국에서 벌어지고 있는 정치 전쟁의 이면에는 이런 영적인 충돌이 있다는 것조차 모르고 있고요.

그러면 한국은 이제 어떻게 될까요?

하나님과 하나님의 개입하심이라는 개념을 제외한 자연주의 관점에서 한국은 이제 희망이 거의 없습니다. 한국의 반성경적-좌경화는 거의 완성 단계에 이르렀습니다. 국민 대다수가 국가체제를 전복하려는 반대한민국 세력을 구분하지 못하고 오히려 지지하는 형국입니다. 일례로 2025년 부산시 교육감 보궐선거에 당선된 사람은 국가전복을 꿈꿨던 이석기의 통진당 부산시당위원장이었던 사람이었습니다.[127] 안타깝게도 부산 시민들은 교육감 투표에 아예 관심이 없거나 통진당 출신 사람에게 우리 아이들 미래 교육을 맡긴 것입니다. 또한 이 중차대한 교육감 선거 과정에서 어느 교회, 어느 목사님이 친대한민국적 세계관을 견지하는 교육감 후보를 교회로 초대해 대담을 했다는 이유로 부산시선거관리위원회는 '선거법위반' 소지가 있다며 경찰에 고발장을 접수, 부산경찰서 반부패수사1계는 해당 교회와 담임 목사님 휴대폰을 압수수색하기도 했습니다.[128] 성직자와 교회 압수수색은 군부독재 시절에도 없었던 일입니다. 그런데도 대다수의 기독교인들은 무엇이 왜 잘못된 것인지 분별하지 못합니다. 오히려 '극우 목사', '극우 교회'라며 손가락질합니다.

어디 이뿐입니까? 위에서 말했듯 현재 우리나라는 중국 간첩이 기밀자료를 촬영하거나 데이터를 수집하다 적발되어도 처벌할 길이 없습니다. 우리나라 현행법상 북한 간첩만 처벌하도록 되어 있기 때문입니다. 최근 중국 간첩이 우리나라 공군기지를 몰래 촬영하다 적발됐지만 처벌하지 못했습니다. 그런데 이틀 후 같은 장소에서 또 전투기 사진을 찍어도 "취미였다"고 진술하고 경찰에서 풀려났다고 합니다.[129] 그래서 중국 간첩을 처벌할 수 있도록 현재 간첩법을 개정하자 하니 웬일인지 어느 정당은 간첩법 개정을 미루고 있습니다.[130] 더 끔찍한 것은 2018년 문재인 정권에서는 중국 공산당 정부가 서울 용산에 1256평 규모의 땅을 매입했다는 충격적인 사실이 7년 뒤에야 밝혀졌습니다.[131] 참고로 대한민국 국민은 중국땅을 1평도 소유하지 못합니다. 2020년 9월에는 우리 국민이 서해 연평도 인근에서 북한군에 피살 후 시신을 불에 태우는 끔찍한 사건이 벌어졌습니다. 그러나 북한과 '평화 모드'를 중시했던 문재인 정권은 사건을 조직적으로 은폐 및 월북몰이를 했다는 혐의로 재판을 받고 있고요.[132] 헌법상 우리 국민인 탈북민을 강제북송한 사건도 유명합니다. 검찰은 해당 사건을 기소하면서 문재인 정부가 김정은을 우리나라에 초청하기 위해 "강제북송 방침을 세우고 조직적으로 실무진의 보고를 묵살하고 북송을 강행했다고 공소장에 적시했"습니다.[133] 위 사건은 1심에서 유죄판결을 받았고요.[134] 문제는 아무리 이런 충격적인 일들이 일어나도 대다수 국민들이 가만히 있다는 겁니다. 오히려 반국가세력을 지지하고 있지요.

그렇다면 기독교인들은 다를까요? 그렇지 않습니다. 이것이 바로 대한민국이 위기인 근본적인 이유입니다. 기민하게 영적 흐름을 분별하고 하나님의 역사의 옳은편에서 대한민국 시세를 읽어야 할 기독교인들이 오히려 무신론-공산·사회주의 세력을 교묘히 또는 적극적으로 비호합니다. 성도들을 가르치며 바른 곳으로 이끌어줘야 할 교회 강단에서도 하나님을 대적하는 이론과 사상에 대한 경계심 없이 현 대한민국의 영적 실태에 대해 침묵하거나 오히려 반국가세력에 동조하는 듯한 설교가 넘쳐납니다. 세상이 썩지 않도록 소금과 빛으로 부름받은 우리가 철저히 세상에 동화(同化) 되어 버린 것입니다. 그러니 당연히 나라의 미래는 어둡디 어둡죠.

그러나 다행히도 여기서 끝이 아닙니다. 하나님은 아무리 시대가 악하다 할지라도 무릎 꿇지 않는 칠천 명을 신실히 보호하시는 분입니다(왕상 19:18). 소금의 짠맛을 지키고자 하는 주님의 백성들이 간절히 국가와 민족의 죄를 자복하고 회개하면 하나님께서는 우리의 죄를 용서하시고 기억지도 않으신다 약속하셨습니다(사 43:25). 오히려 어둠이 짙을수록 동이 틀 때가 가까웠다는 뜻입니다. 지구상 수백 개의 나라에서 오늘날에도 '예배자들의 자유'와 복음 전파를 헌법 차원에서 보호하는 사회 시스템은 미국과 대한민국밖에 없습니다. 마라나타를 위한 복음의 서진화를 생각해 볼 때 이 두 나라는 복음선교의 병참기지라 할 수 있지요. 팬히 미국과 우리나라가 세계 선교사 파송 1, 2위 국가가 아닌 것입니다. 더 나아가 한반도는 마치 하나님이 예비하신 쌍둥이 형제처럼 남쪽에서는 전 세계에서 가장 신앙적·신학적으로 잘 겸비된 기독교인들이 준비되어 있으며 젠더성혁명의 시작인 '차별금지법'이 OECD 선진국 중 유일하게 통과되지 않은 나라이기도 합니다. 북쪽에서는 전 세계에서 가장 뜨거운 순교자의 정신으로 무장한 (지하) 기독교인들이 준비되어 있습니다. 이 나라와 민족은 분명한 하나님의 목적과 사명을 감당할 나라라 확신합니다. 바로 이 이유 때문에 사단이 한국 기독교인들을 상대로 이토록 간교한 미혹의 씨를 흩뿌리고 있는 것이지요.

우리 기독교인들은 순서가 중요합니다. 나라의 흥망성쇠는 정치와 정책보다 그 나라에 몸담고 있는 주님의 백성들의 영적 상태에 따라 좌우됩니다. 대한민국의 극단적 좌경화의 궁극적 원인은 기독교인들의 무지와 교만 때문이라는 겁니다. 하지만 반대로 우리 기독교인들이 다시 정신 차리고 하나님의 역사의 옳은편에 서서 대한민국을 향한 아버지 하나님의 뜻에 방점을 두고 한마음으로 모인다면 신실한 하나님은 우리에게 은혜를 주십니다. 즉 나라와 민족의 회복은 우리가 소금의 짠맛을 얼마나 회복하느냐, 밝은 빛을 얼마나 회복하느냐의 문제라는 것입니다.

전 세계에 기독교를 수호하고 기독교를 전파할 책무를 지닌 미국과 한국. 그리고 한국이 '성경적 자유민주주의' 나라로 건국될 수 있는 매개가 된 주님의 종 이승만 건국대통령까지…. 하물며 현재 미국과 한국 내부에서도 무신론으로 시작되는 하나님을 대적하는 사상과 이념, 이론과 철학, 정책이 쓰나미처럼 몰려옵니다. 그러나 이럴 때일수록 대한민국 기독교 시민들은 이 나라와 민족에 부여하신 하나님의 사명과 소명을 깨달아 분연히 일어나 이 나라를 지키는 주님의 용사로서 믿음의 물매질을 해야 합니다. 이것이 이 책을 읽고 있는 여러분을 향한 하나님의 목적입니다. 우리의 사명입니다.

이 책을 시작으로 분연히 일어나 공부하십시오. 그리고 진리와 성경적 사실을 열심히 전하십시오. 끝으로 언제나 기도하십시오. 이런 의미에서 한국의 미래는 기독교인의 책무 이행에 달려 있습니다. 시대 앞에 굴복하지 않는 삶. 오직 예수님과 함께 좁은 십자가 길을 걸어가는 자기부인의 삶. 이 아름다운 순종의 향기가 대한민국을 바꾸고 또 바꾸게 될 것입니다. 기적의 하나님은 오늘도 여전히 살아계시기 때문입니다.

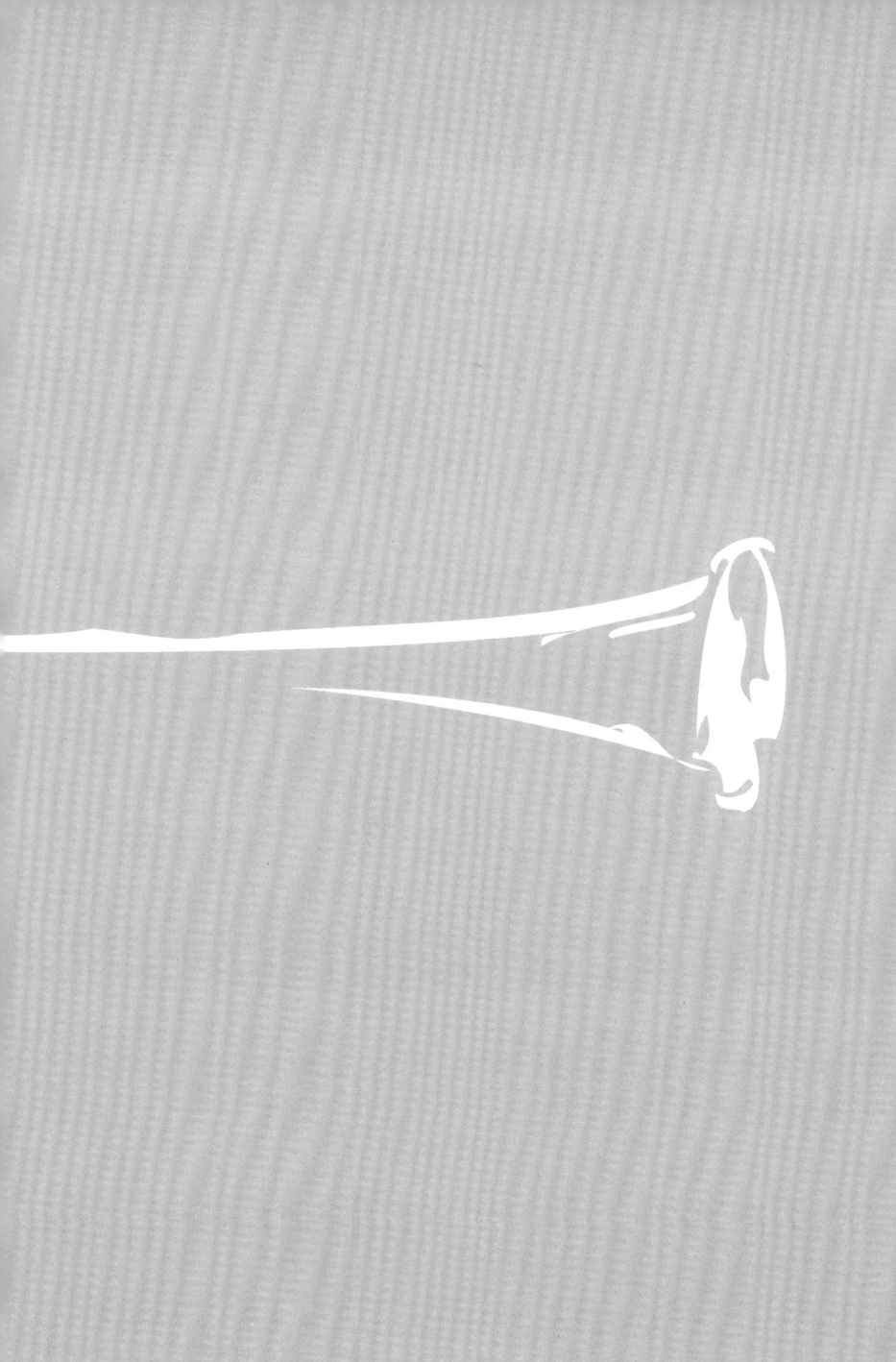

에필로그

프롤로그에서 말했듯 이 책 본문 내용은 2025년 대선 기간 중 썼고, 프롤로그와 에필로그는 대선 이후에 쓴다. 지금은 이재명 정권, 민주당 거대 여당 시대가 되었다. 7월 10일 새벽, 윤석열 전 대통령은 '내란죄' 혐의로 재구속 되었고 민주당은 국민의힘 정당을 아예 해산하겠다는 식이다. 국민의힘 내부에서도 윤석열 대통령의 계엄에 대한 입장 차로 심각하게 분열 중이며 이 글을 쓰는 시점에서 국민의힘 지지율은 24%이다(참고로 민주당 지지율은 56.2%이며 이재명 대통령 국정지지율은 64.6%이다). 또한 이재명 정권은 전시작전통제권 환수를 국방개혁의 최우선 과제로 삼고 있으며 현재 대한민국 국방부 장관 후보는 방위병 출신 민간인이다. 밖으로는 미국이 이란 핵시설을 직접 타격했으며 전 세계를 상대로 관세 압박을 하고 있고 중국은 시진핑 실각설, 일본은 대지진설 등으로 세상이 시끌벅적하다. 이 밖에도 한 달 동안 참 다이내믹한 일이 많았으나 시세 분별과 각 사안에 대한 해석과 분석은 여기에서 풀지 않으려 한다.

나와 같은 관점으로 이 책을 읽어 내려간 사람들은 아마 이쯤에서 고민이 더 깊어질 것이다. 이전이 최악인 줄 알았는데 실은 앞으로 '더 최악', '진짜 최악'을 마주할 거란 생각 때문이다. 실제 많은 기독교인들이 현 시국을 '예레미야의 때'와 같다고 한다. 그런데 이와 반대로 나와 다른 정치관을 견지하는 기독교인들은 진심으로 현 정권을 기뻐하며 응원한다. 조금 소름 돋는 사실은 2025년 대선 결과 이재명을 찍지 않은 국민이 더 많았음에도(이재명 득표율은 49.42%이며 김문수 후보와 이준석 후보의 합산 득표율은 49.49%이다. 극좌 노선이라 분류되는 권영국 후보는 0.95%이다) 이재명 정권의 '내란 몰이'에 동조하는 종교인들도 많이 발견된다는 사실이다. '싹 다 감옥에 처넣자'라는 극단적인 발언 또는 그런 '혁명적' 노선을 서슴지 않고 지지하는 모습 속에서 마치 열심당원 시몬의 '인본주의적 혈기'가 느껴진다면 기우인 것일까?

이쯤에서 다시 확실히 짚어야 할 것이 있다. 그렇다면 소위 국민의힘 정당을 지지하는 것만이 '하나님의 뜻'이냐고 말이다. 전혀 아니다. 핵심은 이것이다. 한국 기독교인들이 올바르고 온전한 기독교 세계관과 정치관을 장착하고 (교회 건물, 종교적 시간 안에서가 아닌) 세상 속 소금과 빛의 사명을 감당하지 않는다면 우파 정권이든 좌파 정권이든 속도의 차이일 뿐 우리 사회는 필연적으로 하나님과 성경을 반대하는 악법이 제정된다. 반성경적 문화가 다음세대 안에서 '완전한' 주류 문화로 자리매김한다. 아직은 국민의힘이 정당 차원에서 차별금지법을 반대하는 노선을 고수하고 있지만 '차별금지법 반대 공약'이 본인들 득표와 당선에 해가 된다 여길 시 하루 만에 해당 공약을 버릴 수 있다. 이게 현실 정치다(반대로 왼쪽 정당이든 오른쪽 정당이든 본인들 득표와 당선에 '성경적 공약'을 포함시키는 것이 득이 된다 여길 시 그들은 누구보다 그 공약들을 적극적으로 반영할 것이다. 그게 현실 정치다. 그래서 기독교인들의 공개적·적극적인 목소리가 중요하다).

한국 오른쪽 정당은 사상적·이론적 토대가 빈약하다. '오른쪽', '우파', '보수주의'를 정의하는 그들의 논리 어디에도 '하나님'이나 '성경'은 없다. 그들 개개인이 교회 장로건 안수 집사건 상관없다. 한국은 공인이 '공개적인 장소'에서 '공개적인 발언'을 할 때 기독교는 철저히 자기 속주머니에 쑤셔 넣는다(이건 교회 다니는 왼쪽 국회의원들도 마찬가지다. 좌파의 시작은 하나님의 부재. 즉 반역이 첫 단추이지만 그들이 이 진실을 제대로 알고 있는지 의문이다. 그만큼 국내 정치 수준이 상당히 떨어진다). 꼭 정계뿐만 아니라 다른 분야도 마찬가지다. 한국 기독교인들의 하나님은 철저히 '교회 건물 안에만 갇혀 있어야만 하는 하나님'이다. 그게 한국의 주류 문화이며 한국 기독교인들의 잘못된 신앙관·정치관이다.

우리는 한국 오른쪽 정당을 바꿔야 한다. 그러나 이게 끝이 아니다. 왼쪽 정당도 바꿔야 한다. 이것으로 끝이 아니다. 드라마·영화계도 바꿔야 하고, 대중음악계도 바꿔야 한다. 재계, 법조계, 언론계, 금융계, 의학계, 체육계 등도 다 바꿔야 한다. 즉 우리가 부르심 받은 세상 곳곳에 들어가 그곳을 썩지 않게 해야 한다. 조금 어려운 말로 이것을 '변혁'이라 한다. 그런데 이 부르심은 모두 '종교의 자유(예배자들의 자유)', '정치적 자유'가 선행되어야 한다. 즉 체계·체제·시스템이라 부르는 이 1차 큰 바구니부터 지켜내고 보호해 내야 그 바구니 안 다른 영역의 변혁들도 실체와 의미가 생긴다는 말이다. 쉽게 말해 종교의 자유와 직업선택의 자유가 없는 북한에서는 기독교인이 드라마 작가가 되어 작품을 통해 하나님께 영광을 올리겠다는 말 자체가 성립되지 않는다는 말이다. 내가 우선 기독교인들의 정치관에 대한 책을 쓴 이유이기도 하다.

이번 정권은 대한민국의 정말 많은 것을 바꿀 것이다. 중국에서 30여 년 선교 사역을 감당한 분들의 말로는 만약 이대로 5년이 흐른다면 대한민국은 회복이 (거의) 불가할 것이라 했다. 아예 다른 나라가 된다는 것이다. '그 대한민국'을 하나님이 기뻐하실지 통탄하실지 적어도 이 책을 내 의도대로 읽은 독자들은 그리 어렵지 않게 분별할 수 있을 것이라 생각한다. 그러나 이 책은 첫 시작일 뿐이다. 그렇다면 성경적 자유 민주주의의 핵심 기둥이 무엇인지, 지금 우리가 철저히 속고 있는 거짓말들은 무엇이 있는지, (프롤로그에서 말한 것처럼) 그럼 앞으로 우리는 어떻게 해야 할 것인지에 대한 꽤 구체적인 전략과 방법론 등을 더 공부해야 한다. 철저히 성경적인 기독교 세계관과 그 기독교 세계관으로 역사와 사상, 문화를 읽을 수 있어야 한다. 나 자신과 우리 사회의 총체적인 변혁을 위해서는 '북 스터디'가 필수라는 말이다.

시중에 이미 좋은 책은 많이 있다. 그 책들을 먼저 읽어도 좋지만 개인적인 생각으로는 그 책들을 보다 성경적으로 분별하고 습득 또는 비판할 수 있는 시각을 갖추는 게 우선이다. '올바른 기독교 세계관'이 그만큼 중요한 이유다. 나 역시 최대한 빨리 '올바른 기독교 세계관' 책을 집필해야 하겠다(어떤 책을 어떻게 읽어야 할지 모르겠다면 사자그라운드 홈페이지에 게재된 북멘토링 목록과 내용을 참고하라. 또는 이 책 미주에서 참고한 책 목록을 정리해서 읽어보는 것도 도움 될 것이다).

내가 20대 초반, 나라와 민족을 위해 기도한다는 기독교인들이 눈물을 흘리며 기도하는 모습에 이질감을 느꼈다. '기독교인이 왜 굳이 나라와 민족을 위해 기도를 하지?', '저렇게까지 눈물을 흘릴 일이 있나?', '저 사람들은 뭐가 저렇게 슬픈 거지?'라고 생각하는 등 나는 개인의 영성 수양에만 골몰했던 전형적인 '반쪽짜리 기독교인', '김어준 세계관으로 시세를 읽고 따르는 기독교인'이었다. 그러다 하나님의 은혜로 눈에 영적인 비늘이 벗겨지고 관련 책과 강연을 통해 교정되고, 해독되고, 바로 세워졌다. 그리고 지금은 이 나라를 생각만 해도 눈물이 솟구친다. 그대 역시 아는 게 많은 만큼 아버지 하나님의 속뜻을 깨우치게 될 것이다. 공부하면 할수록 기도가 날카로워질 것이고 이 나라를 생각만 해도 눈물을 참을 수 없을 것이다. 이런 의미에서 이 나라에 남은 마지막 희망은 눈물로 부르짖는 우리들의 기도와 하나님의 개입하심이다.

해가 뜨기 전이 가장 어둡다. 어쩌면 우리는 더 깊은 어둠 속으로 들어갈지 모른다. 나라가 무너지는 걸 목도할 수도 있겠다. 그렇다면 과연 이 예배자들의 자유가 없어지게 될까? 그건 모른다. 그러나 한 가지는 분명하다. 북한과 중국은 이 예배자들의 자유를 절대로 허락하지 않는다는 것 말이다. 그리고 매우 우려스럽게도 우리나라는 점점 저 나라들과 비슷해지고 있다.

그러나 우리가 소망을 잃지 않을 수 있는 이유는 우리의 대장 되신 예수 그리스도는 단 한 번도 패배하지 않으시는 승리의 구주이

시기 때문이다. 사단이 감추고 싶어 하는 가장 강력한 진실은 부활하신 주님은 이미 세상을 이기셨다는 것이다(요 16:33). 하나님의 은혜로 건국된 이 대한민국을 최선을 다해 성경적으로 지켜야 하지만 궁극적으로 이 나라보다 예수님이 더 중요하다. 예수님보다 우선시 되는 건 아무것도 없다. 예수님의 규례는 헌법보다 위에 있다. 그는 온 우주의 창조주이시기 때문이다(요 1:3). 그래서 대한민국이 소중한 것이다. 이런 이야기를 언제 어디서든 자유롭게 할 수 있기 때문이다.

난 이 나라가 예수님 다시 오시기 전까지 하나님의 창조질서를 끝까지 잘 지킨 나라가 되길 간절히 바란다. 마라나타 순간까지 거룩한 도구와 매개가 되길 바란다. 이 나라는 의인 칠 천명이 없어 망하는 나라가 아니다. 그대처럼 이 책을 읽고 예수님께 자신을 내어 드리겠다 결심하고 실천하는 믿음의 용사가 있기 때문이다.

우리의 하나님은 이 나라와 민족을 위해 반드시 은혜를 부어주실 것이다. 그분은 영원히 신실하신 주님이시기 때문이다.

> 이것들을 증언하신 이가 이르시되 **내가 진실로 속히 오리라** 하시거늘 아멘 주 예수여 오시옵소서 주 예수의 은혜가 모든 자들에게 있을지어다 아멘
>
> — 요한계시록 22:20-21, 개역개정

미주

1 [단독] 美전문가 "주한미군 감축, 4년 내 현실화 가능성" / 조선일보 / 2025.07.10
2 최윤식, 『한반도 전쟁 시나리오』, 리더스북, 2025, 19쪽.
3 같은 책, 21쪽.
4 빅터 차 "李 대통령, 트럼프-시진핑 중 누구 만나느냐가 외교 키포인트 될 것" / 아주경제 / 2025.07.10
5 Emerging defense bill mandates Pentagon study on war with China in 2030 / The Washington Times / 2023.12.7
6 프리드리히 A. 하이에크, 『노예의 길』, 김이석 옮김, 자유기업원, 2019, 47쪽.
7 돈 싸들고 한국 뜨는 백만장자 2400명… 3년 만에 6배로 늘었다 / 동아일보 / 2025.07.05
8 세계 4위 부자 유출국…한국 떠나는 中企 사장들 / 동아일보 / 2025.07.09
9 국정기획위, 여가부에 "성평등가족부로 확대·개편 구체안 마련" 주문 / 한겨레 / 2025.06.19
10 NYC Human Rights Commission Adds 31 Genders to Civil Rights Protections / OUT / 2016.05.30
11 현 차별금지법안 반대하는 민주당 김민석 의원 / 크리스천투데이 유튜브 채널 / 2023.11.30
12 아브라함 카이퍼, 『칼빈주의 강연』, 박태현 옮김, 다함, 2022, 142쪽.

13 같은 책, 146쪽.
14 같은 책, 143쪽.
15 같은 책, 140쪽.
16 웨인 그루뎀, 『성경과 정치 (상)』, 조평세 옮김, 언약, 2024, 101-103쪽.
17 프랜시스 쉐퍼, 『그러면 우리는 어떻게 살 것인가』, 김기찬 옮김, 생명의말씀사, 2020, 120쪽.
18 같은 책, 377쪽.
19 존 위티 주니어, 『권리와 자유의 역사』, 정두메 옮김, IVP, 2015, 92-93쪽.
20 같은 책, 95쪽.
21 같은 책, 30-31쪽.
22 윌리엄 윌버포스, 『윌리엄 윌버포스의 위대한 유산』, 서진영 옮김, 요단, 2013, 32쪽.
23 北, 성경 소지·한국영상 시청 이유로 공개 처형…생체실험까지 당해 / 데일리굿뉴스 / 2023.03.31
24 中 정부, 성경 배포 혐의 기독교인 9명 체포 / 데일리굿뉴스 / 2025.04.22
25 中 공안, 기독교 집회 급습…기독교인 200명 체포 / 데일리굿뉴스 / 2024.02.07
26 기도 = 범죄?! 아들 위해 기도했다고 체포되는 믿을 수 없는 영국 현실 / 유튜브 박세현의 크로스뷰, 2025.03.28
27 한국민족문화대백과사전, https://encykorea.aks.ac.kr/Article/E0050062, 2025.04.17
28 민주당-정의당 '차별금지법' 제정 촉구 / 아시아투데이, 2021.11.03
29 文대통령 "차별금지법 반드시 넘을 과제, 새 규범에 역량 모아야" / 헤럴드경제, 2021.11.25
30 이재명 더불어민주당 대표 "차별금지법 필요" / 2023.04.12
31 NYC Human Rights Commission Adds 31 Genders to Civil Rights Protections/ OUT, 2016.05.30
32 "고환 있고 자궁 없다"… 'XY염색체'로 올림픽 金 딴 女복서, 남자였다 / 조선일보, 2024.11.05
33 "남자 성기 달린 선수 5명 女배구 출전"…진짜 여자들은 벤치에, 캐나다 발칵 / 매일경제, 2024.02.12
34 "성평등가족부, 위헌적 발상… 10년 전 이미 갈등 경험" / 크리스천투데이 / 2025.07.01
35 Iceberg That Sank Titanic Was 100,000 Years Old: Experts / ndtv, 2016.03.08
36 남자 성기 달고 여자수영 참가해 1등…둘로 갈라진 미국 / 매일경제, 2023.12.11

37	양동안, 『한국에서 혼란스럽게 사용되는 정치사상용어 바로알기』, 대추나무, / 2020
38	[조평세 칼럼] 1776의 자유와 1789의 자유 / 팬앤드마이크 / 2019.07.10
39	성원용, 『위그노처럼』, 국민북스, 2021, 205쪽.
40	'최후의 만찬 풍자' 기독교 모독·성기노출…올림픽 조직위 사과 / 뉴시스 / 2024.07.29
41	청소년 52% "동성애 인정해야 한다" 충격 / 아이굿뉴스 / 2024.03.12
42	조평세, 『조평세 박사의 성경으로 세상 바로보기』, 홀리원코리아, 2024
43	모세의 광야에서 시작된 대의제 정치 / 미래한국 / 2020.07.17
44	미국 동성결혼 합법화…백악관(The White House)이 '레인보우 하우스'로 / 서울신문 / 2015.06.28
45	제3의 성 '젠더 X' 미국 여권에 도입…"존엄과 평등 보호" / KBS / 2022.04.01
46	부활절과 겹친 트랜스젠더의 날… 美보수·진보 충돌 / 조선일보 / 2024.04.01
47	트럼프 "미국 정책에서 성별은 남성과 여성만 인정" [트럼프 2기 개막] / 한국경제 / 2025.01.21
48	제임스 사이어, 『기독교 세계관과 현대사상』, 김헌수 옮김, IVP, 90-91쪽
49	美 민주당 전당대회를 지배한 '낙태 어젠다'… "낙태 합법적이고 안전하다" / 데일리인사이트 / 2024.09.02
50	프로라이프, 낙태합법화 주민투표에서 승리... '올바른 리더십 있으면 충분히 승리 가능' / 데일리인사이트 / 2024.11.09
51	벤 샤피로, 『역사의 오른편 옳은편』, 노태정 옮김, 기파랑, 2020, 50-58쪽.
52	절제 교육 통해 결혼·책임·생명 소중함 알려야 / 국민일보 / 2020.09.04
53	국내 최초로 '동성혼 법제화' … 가족구성권 3법 발의됐다 / 프레시안 / 2023.05.31
54	동성혼 합법화·동성커플 자녀 출산 길 터주는 '가정파괴 3법' / 국민일보 / 2021.02.03
55	男♥男, 女♥女, 드라마·예능도 '퀴어 프렌들리'가 대세[초점S] / SPOTVnews / 2024.04.01
56	"트럼프 대선 승리에 기독교인 압도적 다수 기여" / 기독일보 / 2024.11.21
57	트럼프 "공공 영역서 하나님 수호" 고난주간 메시지 / 국민일보 / 2024.04.14
58	박은식, 『당신을 설득하고 싶습니다』, 기파랑, 2024, 153쪽.
59	같은 책, 154쪽
60	기독교를 침략국 앞잡이로 보던 청년 이승만이… / 크리스천투데이 / 2023.06.17
61	같은 기사.

62 이승만 등 죄수 3인, 대낮에 권총 쏘며 탈옥 / NewDaliy / 2013.05.24

63 김용삼, 『이승만의 네이션빌딩』, 북앤피플, 2015, 32쪽.

64 같은 책, 34쪽.

65 같은 책, 35쪽.

66 2030년까지 해외에 '선교사 10만명 파송작전' 진행 중 / 월간조선 뉴스룸 / 2010.01

67 한국교회, 동성애 등 근본 가치 훼손 용인 못해…110만명 거리로 / 경상매일신문 / 2024.10.27

68 정승태, 『철학에 관한 신앙적 신학적 성찰』, 침례신학대학교출판부, 2014, 48-53쪽

69 같은 책.

70 김용삼, 앞의 책, 35쪽.

71 같은 책, 44쪽.

72 같은 책, 45쪽.

73 [제헌국회 기도문] 민족적 기쁨, 하나님께 영광과 감사를 올립니다 / 뉴스제이 / 2023.09.07

74 google, 2025, Gemini.

75 中 당·정, '시진핑 사상' 학습 강화 대대적 추진 / KBS NEWS / 2023.03.30

76 김정은, 직총 제8차 대회에 서한.."사회주의 건설에 몸 바쳐야" / 통일뉴스 / 2021.05.27

77 중국 10대 소년까지 공군기지 촬영 "아버지가 공안" / 조선일보 / 2025.04.09

78 '간첩혐의' 중형 전 민노총 간부…2심서도 징역20년 구형 / 뉴시스 / 2025.04.22

79 간첩활동 혐의 충북동지회, 3년 6개월만에 실형 확정 / 동아일보 / 2025.03.14

80 [통진당 '내란음모' 수사] 이석기 "전쟁 준비하라"…체제 전복·후방교란 목적 드러나 / 한국경제 / 2013.08.30

81 제2연평해전 6용사 한자리에 잠들다 〈대전〉 / 연합뉴스 / 2015.09.21

82 與, 천안함 묘역 참배 "젊은 병사들 죽음 헛되이 해선 안돼" / 한국경제 / 2025.03.26

83 [단독] 시진핑 "한국은 중국 일부였다" 과거 발언 도마 위 / 파이낸스투데이 / 2024.02.25

84 동북공정, 중국몽 위협 알리는 경고음 [김수정의 시선] / 중앙일보 / 2022.09.19

85 헌법에 '핵무기' 못박아…김정은 "반미 연대·핵무기 증가" / MBN NEWS / 2023.09.28

86 "北, 학교서 공개처형 영상 보여주고 시신에 돌 던지게 해" / 조선일보 / 2020.05.11

87 북한, 올해도 '기독교 박해국가' 1위 … 중국에선 교회 1만곳 폐쇄 / 아이굿뉴스 / 2024.01.18

88 "中, 교회 내 '기독교 상징'을 '당 지도자 사진'으로 대체" / 크리스천투데이 / 2024.10.08

89 "中공산당, 십계명을 시진핑 연설로 대체하라 지시" / 크리스천투데이 / 2019.09.18
90 中, 선교 활동 제재 강화… "모든 설교 사전 승인 받아야" / 크리스천투데이 / 2025.04.21
91 "中, 공산주의 이념 따른 '어용 성경' 제작 착수"/ 크리스천투데이 / 2022.02.23
92 인간 자유는 다름 아닌 예배할 자유였다 / 코람데오닷컴 / 2020.03.18
93 제임스 사이어, 앞의 책, 139쪽.
94 같은 책, 144쪽.
95 [정동섭 칼럼] 마르크스주의는 사이비종교 이단사상이다 / 기독일보 / 2023.08.22
96 중국인들 '죽음의 정글' 밀려든다…美 불법이민 54배 폭증 이유 / 조선일보 / 2024.02.18
97 시진핑 집권 후 중국인 국외 망명 신청자 100만명 넘어 / KBS NEWS / 2025.01.10
98 북한 "남한행 하면 무조건 공개 총살"…청년 3명 공개처형 [자막뉴스] / 채널A / 2025.03.11
99 성경 소지했다고, 한국 영상봤다고 총살… 北 인권 실태 / 국민일보 / 2023.03.31
100 캐나다 정부 공식 보고서 "중국의 선거 개입 시도 확인" / 팬앤마이크 / 2025.01.31
101 [사설] 외국인은 한국서 투표, 한국인은 외국서 투표 불가 / 조선일보 / 2025.03.20
102 같은 기사.
103 국정원 前차장 "유령 투표 가능" 선관위 사무총장 "데이터 조작 불가능" / 조선일보 / 2025.02.11
104 사이버테러방지법 제정, 왜 시급한가? / 코나스넷 / 2016.03.10
105 작년 해킹 80%는 '북한발'…"방산의 'ㅂ'만 들어가면 다 턴다" / 디지털데일리 / 2024.04.18
106 박정 의원, 북한군·중공군 묘역 추모제 참여 논란 / 시민일보 / 2019.04.04
107 "중국 공산당 100주년 행사에 왜 민주당 기가 있죠?" / 매일신문 / 2025.01.16
108 中 바짝 껴안는 文대통령…"높은 산봉우리" "중국몽, 모두의 꿈" / 연합뉴스 / 2017.12.15
109 서울에 우한 폐렴 확진자 속출하는데…박원순 "중국 짜요! 우한 짜요!" 응원 동영상 논란 / 팬앤마이크 / 2020.02.26
110 당진 찾은 이재명 "왜 중국을 집적거리나… 그냥 '셰셰' 이러면 되지" / 조선일보 / 2024.03.23
111 워싱턴 '중국 열병식'에 비판적…"박대통령 참석은 이해" / 연합뉴스 / 2015.09.04
112 강령·당헌·당규 / 국민의힘 홈페이지 / 2025.04.24
113 강령 / 더불어민주당 홈페이지 / 2025.04.24
114 R. 앨버트 몰러 Jr, 『세속화의 폭풍우가 몰려온다』, 오현미 옮김, 개혁된실천사, 2023, 13쪽.

115 국민 58% "정치 성향 다르면 연애-결혼 못해" / 동아일보 / 2024.08.05
116 같은 기사.
117 러셀 커크 책, 『지적인 사람들을 위한 보수주의 안내서』, 이재학 옮김, 기파랑, 2019
118 영국에서는 무조건 동성애 그림책으로 의무교육을 실시합니다... / 유튜브 채널 '복음한국TV' / 2021.11.19
119 美 법원 "종교사학도 트랜스젠더 男에 女시설 개방해야" / 크리스천투데이 / 2021.05.26
120 영국 평등법 발효... "모든 차별은 가라!" / 오마이뉴스 / 2010.10.14
121 "美 동성결혼 합법화, 청교도 정신과의 결별" / 크리스천투데이 / 2015.07.02
122 전 국민에 25만원 지급, 끝내 추경에 넣은 이재명 / 한국경제 / 2025.02.13
123 中 CCTV "대통령되면 사드 철회할거냐" 이재명 "네" … 2017년 발언 회자 / 뉴데일리 / 2024.03.27
124 이재명 "'美 점령군' 맞다" 재차 주장 / 동아일보 / 2021.07.03
125 버니 샌더스, 『버니 샌더스의 정치 혁명』, 홍지수 옮김, 원더박스, 2015.
126 민주연구원 전 부원장 "삼권분립 막 내려야… 사법부 없앨지도 고민할 시기" / 조선일보 / 2025.05.02
127 정승윤 부산교육감 후보 "이번 선거 중요한 기로…압도적 승리해야" / 뉴스핌 / 2025.03.20
128 교계, 손현보 목사 압수수색에 "헌법 위반한 종교 탄압" 강력 규탄 / 크리스천투데이 / 2025.05.14
129 [사설] SKT 해킹도 중국계 추정, 中 앞에 무방비인 나라 / 조선일보 / 2025.05.21
130 [사설] 국군 현역병도 포섭한 中… 더 늦기 전에 간첩법 개정하라 / 디지털타임스 / 2025.05.13
131 중국 정부 명의로 한국 토지 매입?...무려 약 1256평 규모 / 팬앤드마이크 / 2025.05.14
132 감사원 "문 정부, 서해 공무원 피살 방치…사건 조직적 은폐·왜곡" / SBS / 2023.12.07
133 "문 정부 안보실, 김정은 존중 의지 보이려 '강제북송' 결정" / 문화일보 / 2023.03.09
134 "강제 북송은 유죄"…法, 귀순 의사 탈북민 '전원 수용' 원칙 제시 / 뉴스원 / 2025.02.19